어린이를 위한
평생감사

어린이를 위한
평생감사

ⓒ 생명의말씀사 2007

2007년 6월 30일 1판 1쇄 발행
2023년 11월 8일   29쇄 발행

펴낸이 | 김창영
펴낸곳 | 생명의말씀사

등록 | 1962. 1. 10. No.300-1962-1
주소 | 서울시 종로구 경희궁1길 6 (03176)
전화 | 02)738-6555(본사) · 02)3159-7979(영업)
팩스 | 02)739-3824(본사) · 080-022-8585(영업)

지은이 | 전광, 임금선

기획편집 | 유선영, 문효진, 박보영
디자인 | 조현진, 백선웅
인쇄 | 영진문원
제본 | 다온바인텍

ISBN 978-89-04-16097-6 (03230)

저작권자의 허락없이 이 책의 일부 또는 전체를
무단 복제, 전재, 발췌하면 저작권법에 의해 처벌을 받습니다.

어린이를 위한
평생감사

감사보다 귀한 것은 없습니다

로마시대에 어떤 그리스도인이 핍박을 피해서 산을 배회하다가 사자를 만났습니다. 그 사자는 몹시 괴로워하면서 길바닥에 누워 있었지요. 가만히 보니까 발바닥에 가시가 박혀 있었어요. 그는 사자 가까이 다가가서 가시를 빼내어 주었습니다. 사자는 고마운 듯이 그 사람의 얼굴을 쳐다보더니 숲 속으로 사라졌어요. 얼마 후에 이 사람은 결국 로마 병사들에게 붙잡혀서 처형을 당하게 되었답니다. 원형 경기장에 이 사람을 넣고는 사자를 풀어 물어뜯어 죽게 하는 것이었어요. 그런데 그 사람을 향해 달려오던 사자가 그 사람을 보더니 멈춰 서서 전혀 해치지 않았어요. 오히려 고개를 숙여 절을 하는 것이에요. 가만히 보니까 전에 산에서 그가 발에 가시를 빼어 주었던 사자였던 것이에요. 그 모습을 본 관중들은 깜짝 놀라 소리쳤어요. 그 사람을 살려 주라고요.

"사자도 해치지 않는 사람을 살려 주시오! 살려 주시오!"

그래서 그 사람은 살아남을 수 있었다고 해요. 짐승도 자신의 목숨을 구해 준 은혜를 안다는 교훈을 담고 있는 이야기예요. 짐승도 은혜를 입었으면 이처럼 감사할 줄 아는데, 감사를 모르는 사람은 짐승보다 못한 존재가 되는 것입니다. 분명히 감사하는 태도 여하에 따라 그 사람의 됨됨이를 알 수 있답니다. 실제로 역사를 빛낸 위대한 인물들은 누구나 할 것 없이 감사의 사람들이었고, 저주받은 사람들의 공통점은 감사를 잃어버리고 원망과 불평과 염려 가운데 산 사람들이었어요.

마귀의 세계에는 감사가 없다고 합니다. 하나님께서는 지금도 감사하는 자를 찾고 계시고 감사로 예배를 드릴 때 가장 기뻐하시고 영화롭게 여기십니다. 또 스펄전 목사님의 말씀처럼 하나님은 별빛만한 것을 감사하면 달빛만한 것을 주시고, 달빛만한 것을 감사하면 햇빛만한 것을 주시는, 감사하는 사람에게 감사하는 것만큼 베푸시는 분이십니다. 그러므로 삶 가운데 감사보다 더 귀한 것은 없습니다.

　미국은 지금 역사가 378년밖에 안 되었지만 세계 최강대국입니다. 그 민족이 그렇게 복을 받게 된 것은 감사의 사람들이기 때문이랍니다. 그들의 조상은 영국의 청교도들이었어요. 1620년 영국국교의 핍박을 받아 신앙의 자유를 찾아 102명이 메이플라워 배를 타고 미 대륙에 도착하여 인디언들의 공격과 추위와 질병으로 무려 4개월 만에 절반이 죽고 말았지요. 그렇지만 그들은 감사를 잊지 않았어요. 제일 먼저 예배당을 짓고 병원과 학교를 짓고, 그리고 그들이 살 집을 지었고, 그리고 농사하여 하나님께 감사 예배를 드렸고, 그것이 오늘날 우리가 지키는 추수감사절의 유래가 된 것이에요. 이렇게 감사가 넘치는 나라와 민족에게 감사의 기쁨과 축복을 주셨답니다. 그들의 인사말을 보면 "Thank you. Thank you", "감사합니다. 감사합니다." 예요. 감사가 그들의 몸에 배어 있어요. 그래서 축복의 사람이 된 것이에요. 사람이 어렸을 때 어떤 영향을 받느냐에 따라 그 사람의 장래가 결정된다고 하지요. 이 어린 시절에 감사를 배워 감사하는 삶을 산다면 틀림없이 그 사람의 장래는 역사를 빛내는 위대한 인물이 될 거예요.

그런데 <백악관을 기도실로 만든 대통령 링컨>이라는 책과 <성경이 만든 사람 백화점 왕 워너메이커>라는 책으로 많은 어린이들에게 꿈과 희망을 심어 준 전광 목사님께서 이번에 <어린이를 위한 평생감사>라는 더 좋은 책을 내게 되어 정말 기쁩니다. 이 책을 읽는 어린이 여러분들이 평생 감사하는 습관을 길러 감사가 넘치는 삶으로 이 시대에 위대한 인물들이 되기를 바랍니다.

어린이를 사랑하는 목사 김종준

감사의 씨앗을 심어 보세요

어린이 여러분 안녕하세요?

저는 <평생감사>의 저자 전광 목사예요.

이미 <어린이 백악관을 기도실로 만든 대통령 링컨>과 <어린이 성경이 만든 사람 백화점 왕 워너메이커>를 통해서 여러분들을 만난 경험이 있지요? 많은 친구들이 책을 읽고 도전과 감동, 그리고 미래에 대한 꿈을 발견했다는 메일을 보내 주어 작가로서 얼마나 보람을 느꼈는지 모른답니다. 이번에도 <평생감사> 책이 어린이 버전으로 예쁘게 편집되어 여러분의 사랑을 받게 될 것을 생각하니 벌써부터 행복하네요. 이를 위해 여러분의 눈높이에 맞추어 좋은 글을 써 주신 임금선 선생님과 아름다운 그림으로 멋진 옷을 입혀 주신 이승애 선생님께 진심으로 감사 드려요.

여러분은 인생의 출발점에 서 있지요. 어떻게 인생을 사느냐에 의해 행복한 인생을 살 수도 있고, 불행한 인생을 살게 될 수도 있지요. 대부분의 사람들은 좋은 대학에 가고, 좋은 직장에 취직을 해서 많은 돈을 벌면 행복한 인생이 될 거라 생각하지요. 그런데 막상 인생을 살다 보면 행복은 좋은 대학, 좋은 직장, 많은 돈에 있지 않다는 것을 뒤늦게 알게 되지요. 행복은 감사하는 사람들의 몫이지요. 왜냐하면 행복을 여는 열쇠는 물질이 아니고 감사하는 마음이기 때문이고요.

저는 여러분이 열심히 공부해서 좋은 대학도 가고, 좋은 직장도 얻고, 많은 돈도 벌어 넉넉하고 여유 있는 인생을 살기 바라지만 경제적인 부자보다 마음이 넉넉한 부자가 되었으면 더 좋겠어요. 마음의 부자는 감사가 넘치는 사람에게 하나님께서 주시는 축복이거든요. 마음의 부자는 항상 겸손한 마음을 가지고 다른 사람에게 고마움을 표시하며 사는 인생을 말하지요. 그런 사람의 인생은 소유와 상관없이 행복한 인생이 되거든요.

<어린이 평생감사>가 아름다운 미래를 꿈꾸는 여러분들의 마음단장과 몸단장을 하는 데 일조하길 바라는 마음이에요. 공부하는 틈틈이, 쉬는 틈틈이 읽어 마음에 감동이 오는 대로 행동으로 옮겨 여러분 인생을 감사로 물들이세요. 감사의 씨앗을 마음속에 심는 친구마다 성공과 행복의 튼실한 열매를 거둘 것을 믿어 의심치 않거든요.

저는 목사로서 이 책이 많은 경쟁으로 시달리고 지쳐 있는 여러분들의 마음속에 시원한 옹달샘의 생수가 되어 주길 기도하겠습니다.

북한산 자락의 감사 골방에서
어린이들의 친구 평생감사 전광 목사

감사의 문에 들어서며

어린이 여러분 안녕하세요?

어린이 여러분을 다시 뵙게 되어 얼마나 반갑고 감사한지 몰라요.

이 책을 쓰기 위해 전광 목사님을 뵈었을 때의 일이에요. 목사님께서 작은 노트 한 권을 보여 주셨지요. 처음엔 그것이 무엇인지 몰랐어요. 알고 보니 '감사 일기장'이었답니다.

매일매일 일기를 쓴다는 것이 결코 쉬운 일은 아닙니다. 어른이 되면 더욱더 힘들어지지요. 그런데 목사님은 하루도 거르지 않고 감사 일기를 쓰고 계셨습니다. 글씨 또한 또박또박 얼마나 정성껏 쓰셨는지 "참 잘했어요!" 도장을 찍어 드리고 싶을 정도였어요.

그날 저녁 저는 한 가지 결심을 했답니다. 감사 일기를 매일 쓰는 것은 힘들지만 자기 전에 반드시 하루 동안 감사했던 일들을 떠올려

보겠다고 말이에요. 처음엔 감사할 내용이 잘 떠오르지 않았어요. 그래서 며칠 해 보다가 결국 관두고 말았지요.

그런데 이 책을 엮어가는 과정에서 왜 감사해야 하는지, 또 어떻게 감사해야 하는지 알게 되었답니다. 감사는 억지로 하는 것이 아니에요. 마음에서 우러나와야 진정한 감사가 되는 거예요. 그리고 감사는 우리가 매일 숨을 쉬고, 음식을 먹듯 자연스럽게 하는 것이랍니다.

그동안 감사의 눈을 감고 있었다면 이제 크게 떠 보세요. 셀 수 없이 많은 감사들이 보일 거예요. 그 감사의 제목들을 하나님에게 말해 보세요. 부모님과 친구들과도 나눠 보세요. 그러면 이 세상이 더 밝고 따뜻해질 거예요. 바로 여러분의 감사의 힘으로요.

임금선

목차

감사보다 귀한 것은 없습니다 _김종준 05
감사의 씨앗을 심어 보세요 _전광 09
감사의 문에 들어서며 _임금선 12

감사 씨앗

한 알의 감사 씨앗을 마음속에 심어 보세요.
감사는 아주 작은 것에서부터 시작된답니다.

집이 넓어졌어요 20
하나님이 가장 기뻐하시는 말 25
먹는 물도 우리 말을 듣는대요 28
빵과 물고기 30
행복과 감사는 바늘과 실 33
세상에서 가장 아름다운 말 36
랍비 아키바 39

감사 새싹

감사 씨앗에서 파아란 새싹이 돋아납니다.
매일매일의 작은 감사는 새싹을 키우는
햇빛과 물과 바람이 될 거예요.

하녀의 욕심 46

다른 사람이 더 행복해 보여요 49

비교하지 마세요 52

과자에 담긴 사랑 56

걱정을 다스리세요 60

누가 상을 받아야 할까요? 64

모래단지와 쇳가루 67

소녀의 카드 71

아홉은 어디 있느냐? 74

맥클러 박사님의 실험 78

요셉의 감사 82

무지갯빛 장갑 86

악어와 사냥꾼 92

감사 나무

감사 새싹이 무럭무럭 자라 커다란 감사 나무가 되었습니다.
감사하면 할수록 마음은 더 큰 감사와 행복으로 가득해져요.

물에 뜨는 비누 100

세 줄의 바이올린 104

오프라 윈프리의 일기 108

갈매기의 은혜 112

구두 수선공 윌리엄 캐리 119

바울의 가시 감사 122

부끄러운 낡은 구두 126

실패를 이겨낸 힘 131

감사 열매

무슨 일이든 감사하는 마음을 가지세요.
감사 나무에 풍성한 열매들이 맺힐 거예요.
그 열매들을 소중한 사람들과 나누세요.

감사를 나누세요 138

하늘나라로 간 테드 144

이스라엘 총리 골다 메이어 149

100만 번 감사 152

행복한 청소부 155

감사는 기억하는 것 158

사자 굴 속에서의 감사 163

하나님의 창조물 168

감사의 문을 나서며 172

〈부록〉 부모님과 아이가 함께 보는 페이지
    감사하는 법을 배워 보세요! 176
    나의 감사 지수는 얼마나 될까? 179

한 알의 감사 씨앗을 마음속에 심어 보세요.
감사는 아주 작은 것에서부터 시작된답니다.

감자 씨앗

집이 넓어졌어요

　단칸방에 일곱 식구를 거느리고 사는 가난한 남자가 있었습니다. 어찌나 방이 좁은지 숨쉬기조차 힘들 정도였습니다. 아무리 머리를 짜내도 단칸방을 넓게 쓸 수 있는 뾰족한 방법이 떠오르질 않았습니다. 식구들은 모두 짜증만 냈고 그들이 안 싸우는 날은 거의 없었습니다.

　그날도 가난한 남자는 아내와 심하게 말다툼을 했습니다.

　화가 어느 정도 가라앉자 아내가 먼저 말을 꺼냈습니다.

　"여보, 우리 이러지 말고, *랍비를 찾아가 보아요. 무슨 문제든지

---

* 유대교의 율법 교사를 높여 부르는 말인데, '나의 선생님' 이라는 의미입니다.

해결해 준다고 들었는데…."

가난한 남자는 좋은 생각이라고 무릎을 치더니 그 동네에서 소문난 랍비를 당장 찾아갔습니다.

랍비는 그 남자를 반갑게 맞이하며 물었습니다.

"무슨 고민이 있길래 나를 찾아왔소?"

"저희 집은 너무 가난해서 방이 하나밖에 없습니다. 그래서 아내랑 여섯 아이들이랑 한방에서 먹고 자고 하지요. 그러다 보니 툭하면 소리를 지르고 가족 사이가 점점 멀어지고 있습니다."

"알겠소. 먼저 집에 가서 내가 시키는 대로 하겠다고 약속할 수 있겠소?"

"물론이지요. 약속하고말고요."

"혹시 키우는 가축이 있소?"

"네, 있습니다. 암소 한 마리와 염소 한 마리, 그리고 닭 몇 마리를 키우고 있지요."

"그럼 그 가축들을 모두 집안으로 들이시오."

가난한 남자는 그 말을 듣고 어안이 벙벙했지만 이미 약속을 했기에 시키는 대로 했습니다.

다음 날 그는 랍비에게 달려갔습니다.

"말씀하신 대로 했지만 달라진 것이 아무것도 없습니다. 좁은 집에 가축들마저 우글거리니 죽을 지경입니다. 제발 좀 도와주십시오."

그의 말을 듣고 난 랍비가 말했습니다.

"그럼 닭들을 다 내보내시오."

그 다음 날 그는 다시 랍비를 찾아왔습니다.

"닭을 다 내보냈습니다. 그런데 염소가 더 문제입니다. 가구들을 부수고 뭐든지 닥치는 대로 먹어댑니다."

"그럼 이번에는 염소를 내보내시오."

다음 날도 가난한 남자는 어김없이 찾아왔습니다.

"정말 지옥이 따로 없습니다. 저희 집을 한번 보시면 알 것입니다. 암소는 외양간에 있어야지 사람과 함께 산다는 것이 말이 안 되는 것 같습니다."

"듣고 보니 그렇군. 그럼 가서 암소를 내보내시오."

다음 날이 되자 이번에는 가난한 남자가 행복한 미소가 가득한 얼굴로 랍비를 찾아왔습니다.

"랍비님, 지금 너무나 행복합니다. 동물들을 집에서 다 내보냈어요. 그랬더니 집이 얼마나 조용하고 넓은지, 이제야 살 것 같습니다. 정말 감사합니다!"

생각의자

감사는 마음먹기에 달린 것이에요. 가난한 남자의 경우처럼 아주 작은 변화로 불평스러웠던 상황이 감사의 상황으로 바뀌잖아요. 불만스러운 일을 떠올려 보고, 그것보다 더 안 좋은 상황을 상상해 보면서 지금 이 순간을 감사하게 생각하세요.

하나님이 가장 기뻐하시는 말

이 세상의 아기들이 제일 먼저 배우는 말이 무엇일까요? 그것은 바로 '엄마'일 것입니다. 그런데 아기들은 왜 엄마라는 말을 먼저 하게 될까요? 그것은 세상을 살아가기 위해 가장 필요한 사람이기 때문입니다. 그렇다면 '엄마'라는 말 다음으로 배우는 말은 무엇일까요? 여러 가지 말들이 있겠지만, "감사합니다!"가 아닐까요?

아기가 점점 커 갈수록 감정도 생기고 나름대로 자신의 의사 표현도 하게 되지만 "감사합니다!"라는 말이 예쁘고 기분 좋은 말이기에 엄마, 아빠는 이 말을 아기들에게 열심히 가르치지요. 그래서 아기들은 할머니, 할아버지가 맛있는 것이나 장난감을 사 주시면 "감사합니다!"라고 말합니다. 그러면 어른들은 "옳지, 착하다!" 하고 칭찬을 해 주시고요.

그런데 점점 자기 생각이 자라면서 "감사합니다!"보다는 "이것을 주세요!"란 말을 더 많이 사용하게 됩니다.

하나님께 기도할 때도 마찬가지랍니다. "하나님, 감사합니다."라는 말보다는 "하나님, 이것을 주세요, 또 저것도 주세요."라고 마구 요구하지요.

그래서 자신이 원하는 것이 이루어지기 전까지는 "감사합니다!"라는 말을 마음 한구석에 가두어 버립니다. 그러다 보면 양손 가득 하나님이 주신 선물을 받고도 전혀 모릅니다. 어떤 때에는 원하는 것을 얻었는데도 그 사실을 알지 못하지요. "감사합니다!"라는 말을 아끼면 감사한 마음까지 사라진답니다.

하나님께서는 우리가 필요한 것을 달라고 말하는 것을 듣기 좋아하십니다.

그러나 하나님께서 가장 좋아하시는 말은 "감사합니다!"입니다.

생각의자

여러분은 "감사합니다"라는 말을 자주 하나요? 언제 감사함을 표현해 보았나요? 하나님께 자주 감사 기도를 드리나요? 그러지 못했다면 지금 하나님께 감사 기도를 드려 보세요.

먹는 물도 우리 말을 듣는대요

<물은 답을 알고 있다>라는 책을 쓴 에모토 마사루라는 사람이 있습니다. 그는 물을 갖고 아주 재미있는 실험을 했지요. 그리고 그 실험 결과가 전 세계에 알려졌습니다.

그렇다면 그 실험은 어떤 것이었을까요?

에모토 마사루는 물을 떠 놓고 여러 나라의 말로 "고맙습니다!"라고 말했다고 합니다. 물에게 직접 말을 한 것이지요. 그런데 정말 놀라운 것은 고맙다는 말을 들었을 때마다 물이 아름다운 결정체를 만들었다는 사실입니다.

에모토 마사루는 그 다음에 "고맙습니다"라는 말 대신 기분 나쁜 말들을 물에게 했습니다. 욕도 하고 저주도 했지요. 그랬더니 그 아름답던 물의 결정들이 순식간에 흩어지고 말았습니다.

그리고 사랑한다는 말을 들은 물의 결정은 다른 물보다 결정이 두 배 이상 강했다고 해요.

살아 움직이지도 않고, 눈도 코도 귀도 없는 물이 사람의 말을 알아듣고 반응을 보인다는 사실이 참 신기하지요?

우리 사람의 몸은 60퍼센트 이상이 물이랍니다. 그렇다면 우리 안에 있는 물도 똑같은 반응을 보이지 않을까요?

우리가 감사하다고, 사랑한다고 말할 때 우리 모습도 건강하고 아름다워질 거예요.

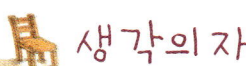

생각의 자

엄마, 아빠에게, 할머니, 할아버지에게, 친구에게, 동생에게 고맙다고 사랑한다고 말해 보세요. 건강을 선물하는 가장 좋은 방법이 될 거예요.

빵과 물고기

　예수님이 갈릴리 바다를 건너실 때였습니다. 많은 사람들이 예수님의 놀라운 기적을 보고 그분을 따라갔습니다. 예수님이 산에 올라 제자들과 함께 앉으셨습니다. 유월절을 앞둔 시기였지요.

　예수님이 많은 사람들을 보시더니 빌립에게 물으셨습니다.

　"우리가 어디에서 빵을 사다가, 이 사람들을 먹이겠느냐?"(요한복음 6장 5절) 예수님이 이렇게 물으신 것은 빌립을 시험해 보기 위해서였습니다. 예수님은 이미 해결 방법을 갖고 계셨기 때문입니다. 그때 안드레가 대답했습니다.

"여기에 보리빵 다섯 개와 물고기 두 마리를 가지고 있는 한 아이가 있습니다. 그러나 이걸 게 많은 사람에게 그것이 무슨 소용이 있겠습니까?"

그러자 예수님은 "사람들을 앉게 하여라." 하고 말씀하셨습니다.

그곳에는 풀이 많아서 편히 앉기에 좋았습니다. 사람들의 수는 남자들만 세어도 약 5,000명이었지요.

예수님이 빵을 들어서 감사기도를 하셨습니다.

그리고 앉아 있는 사람들에게 나누어 주시고, 물고기도 원하는 대로 나누어 주셨습니다.

그들이 배불리 먹은 뒤에, 예수님이 제자들에게 말씀하셨습니다.

"남은 부스러기를 다 모으고, 조금도 버리지 마라."

그래서 보리빵 다섯 덩이에서 먹고 남은 부스러기를 모으니, 열두 광주리에 가득 찼습니다.

작은 것을 놓고 감사했을 때 믿을 수 없는 기적이 일어난 것입니다.

생각의자

여러분이 가지고 있는 것이 비록 작고 보잘것 없을지라도 소중히 여기고 감사하는 법을 배우세요. 열두 광주리가 넘치는 기적 같은 일이 생길 거예요.

행복과 감사는 바늘과 실

우리 주변에는 돈이 많아야 행복하다고 말하는 사람들이 아주 많습니다. 그래서 행복하지 못한 것은 돈이 없어서라고 다들 생각합니다. 아주 오래 전부터 많은 사람들은 이러한 생각을 해왔습니다. 그래서 동화나 옛이야기들도 "부자가 되어 오래오래 행복하게 살았답니다!"로 끝을 맺는 것들이 많지요.

그런데 일부 과학자들이 재미있는 사실을 발표했습니다. 행복을 느끼는 감각과 감사를 느끼는 감각이 같다고 말이죠. 감사할 줄 모르는 사람은 결코 행복을 느낄 수 없다고 합니다. 정말 그럴까요?

　이런 사실을 뒷받침해 주는 한 실험이 2006년 영국에서 있었습니다. 어느 나라 사람들이 제일 행복하다고 느끼는지 조사를 한 것이지요. 178개 나라가 조사 대상이었습니다. 과연 어떤 결과가 나타났을까요?
　과학이 발달하고 잘 사는 나라가 높은 순위를 차지할 것이라고 생각했는데, 놀랍게도 정반대였습니다. 미국과 같이 잘 사는 나라가 150등, 우리나라는 102등이었다고 합니다.

그렇다면 어느 나라가 일등을 했을까요? 바로 바누아투입니다.

바누아투가 어떤 나라냐고요? 처음 들어본 나라 이름일 거예요.

바누아투는 남태평양 뉴질랜드 근처에 자리잡고 있는 작은 섬나라입니다. 국민들의 80퍼센트 이상이 기독교인이고, 높은 건물이나 자동차보다 자연이 살아 있는 곳이라고 합니다. 이 나라는 행복 등수로는 1등을 했지만, 국민들이 일 년 동안 버는 돈을 등수로 따지면 세계 233개 나라 가운데 207등밖에 안 된답니다. 가난한 나라인 셈이죠. 그래도 주어진 것에 만족하고 감사하며 사는 사람들이기에 행복하다고 느끼는 것입니다. 부자가 되면 감사한 것이 아니라 감사하면 그 마음이 부자인 것이지요.

여러분도 매일매일 감사하면 마음이 행복으로 가득한 부자가 될 거예요.

생각의 자

가족들끼리 혹은 친구들끼리 각자 감사한 일들을 적어 보고 행복 점수를 매겨 보세요. 가장 점수가 높은 사람이 '감사왕'이 되는 거예요.

세상에서 가장 아름다운 말

세상에는 아름다운 말이 아주 많습니다. 반대로 어둡고 상처를 주는 말도 많지요. 아름다운 말은 마치 빛과 같아서 아주 작은 한 마디가 큰 어둠을 밝힐 수 있답니다.

여러 가지 아름다운 말 가운데 "감사합니다!"는 여러 사람을 살리는 소중한 말이에요.

그럼 "감사합니다!"라는 말을 세계 각 나라에서는 어떻게 표현할까요?

러시아 사람들은 "스빠시-바"

독일 사람들은 "당케"

브라질 사람들은 "오 브리가도"

인도 사람들은 "던냐와드"

중국 사람들은 "쓰이에쓰이에"

일본 사람들은 "아리가또-고자이마스"

미국 사람들은 "땡큐!" 라고 하지요.

세계 모든 나라와 민족들의 말을 일일이 다 열거할 수는 없지만 세계 각 나라 사람들이 자기 나라말로 하늘을 향해 일제히 "감사합니다!"라고 외친다면 어떨까요? 아마 하나님께서 매우 기뻐하실 거예요. 아름다운 하모니로 "감사합니다"라는 말이 하늘 가득 울려 퍼지는 모습을 상상해 보세요.

그런데 이렇게 아름다운 말을 어린이 여러분은 하루에 몇 번이나 사용하나요? 오늘부터 당장 헤아려 보세요. 하나님께서는 여러분의 입에서 이런 아름다운 말이 자주 튀어나오기를 바라신답니다.

생각의 자

오늘 하루 감사하다는 말을 몇 번 했는지 세어 보세요. 하늘을 향해서 "하나님, 감사합니다"라고 반복해서 외쳐 보세요.

랍비 아키바

아키바는 집이 가난해서 학교에 가지 못했기 때문에, 글을 읽을 줄도 모르고 쓸 줄도 몰랐습니다. 부잣집에서 양치기로 일하던 그는 부잣집 딸과 사랑에 빠져 집안의 반대를 무릅쓰고 결혼을 하게 되었지요. 쫓겨나다시피 해서 가난한 살림을 차린 두 사람은 겨우겨우 살아가고 있었습니다. 그러던 어느 날 이대로는 안 되겠다고 생각한 아내는 아키바에게 공부를 하라고 했습니다. 그래서 그때부터 아키바는 어린 아이들과 함께 학교에 다녔습니다. 13년 동안 열심히 공부에 몰두한 아키바는 *랍비가 되었어요.

* 유대교의 율법 교사를 높여 부르는 말인데, '나의 선생님'이라는 의미입니다.

그런데 랍비로 인정을 받는 의식을 치르기 위해서는 많은 돈이 필요했습니다. 아키바는 마트로나라는 여인에게 돈을 빌렸지요. 마트로나는 유대인도 아니었고 하나님을 믿지도 않았습니다. 마트로나는 돈을 빌려주는 대신에 보증인을 세워야 한다고 말했어요. 그러나 아키바의 보증을 서 줄 사람은 아무도 없었습니다. 그래서 아키바는 하나님과 바다를 보증인으로 세웠습니다.

아키바는 학생들을 가르치면서 받은 수업료를 모아 빚을 갚을 생각이었습니다. 그런데 병이 나서 오랫동안 학생들을 가르칠 수 없었습니다. 그러다 보니 어느새 빚을 갚기로 약속한 날이 다가왔습니다. 아키바는 눈앞이 캄캄했지만 오히려 엎드려 감사 기도를 드렸습니다.

"하나님, 제가 당장 빚을 갚을 수는 없지만 이 보잘것없는 저의 보증을 서 주셔서 감사드립니다. 앞으로의 일은 하나님께서 알아서 하실 것이라고 믿습니다."

아키바의 아내는 당장 돈이 필요했지만, 남편과 함께 하나님께 기도드렸습니다. 기도한다고 당장에 필요한 먹을거리와 돈이 생기는 것도 아니었는데 말이죠. 그래도 전혀 걱정하지 않았습니다. 그들에게는 든든한 하나님이 계셨기 때문이에요.

드디어 빚을 갚기로 한 날이 되었습니다. 아키바는 바닷바람을 쐬면 힘이 날 것 같아 바닷가를 천천히 거닐었습니다. 그때 웬 상자 하나가 파도에 밀려 아키바 앞에까지 흘러왔습니다. 상자를 열어 보니 보석과 금과 은으로 된 장신구가 가득했습니다. 아키바는 기쁨을 이기지 못하고 소리를 쳤습니다.

"하나님! 감사합니다! 제가 하나님과 바다를 보증으로 세우게 해 주셔서 감사합니다!"

보물 상자를 주운 아키바는 이제 '양치기 아키바'에서 '랍비 아키바'로 불리기 시작했습니다. 부자들은 자기 아들들을 공부시키려는 욕심으로 돈을 싸들고 아키바를 찾아왔습니다. 그것을 지켜보던 아키바의 아내가 말했습니다.

"재물이 많으면 하나님을 잊기 쉬우니 양치기 시절을 떠올리며 여행을 하다가 오세요."

그 말을 들은 아키바는 다음 날 길을 떠날 채비를 했습니다. 아키바의 짐은 아주 간단했습니다. 돈은 한 푼도 가지고 가지 않았지요. 책을 보기 위한 등잔과 시간을 알리는 수탉, 먼 길을 위한 나귀와 유대 경전인 토라만 챙겼습니다.

  먼 길을 떠난 아키바는 낯선 곳을 다니면서 홀대를 받기도 하고 거지 취급을 당하기도 했습니다. 그제야 아키바는 자신의 예전 모습을 떠올리며 다시 한번 하나님께 감사했지요.

  아키바는 어느 집 헛간에서 하룻밤을 묵기로 했습니다. 자기 전에 하나님 말씀을 읽으려고 등잔을 켜는데 바람이 휙 불어 등잔불이 꺼져버렸습니다.

  몸도 지쳐 있었기에 아키바는 그냥 잠이 들었습니다. 그런데 아키바가 잠든 사이에 여

우가 와서 수탉을 물어 가고, 사자가 와서 나귀를 물어 죽였습니다.

이튿날 날이 밝아 수탉이 없어지고 나귀가 죽은 것을 본 아키바는 너무 놀랐습니다. 그리고는 도움을 청하러 황급히 마을로 갔습니다. 그런데 마을은 쥐죽은 듯 조용했습니다. 간밤에 도적 떼가 마을을 습격하여 사람들을 죽이고 재물을 뺏어간 것입니다. 살아남은 사람들도 모두 도망가 버렸지요.

만일 그날 밤 아키바가 헛간에 머물지 않았다면, 또 등잔불이 꺼지지 않았다면, 수탉과 당나귀가 놀라 울음소리를 냈더라면 어떻게 되었을까요?

아마 그 소리를 들은 도적 떼에게 아키바는 해를 당했을 것입니다.

아키바는 이 모든 일을 곰곰이 생각하면서 바닥에 엎드려 두 손을 높이 들고 하나님께 감사 기도를 드렸습니다.

생각의자

속상한 일들이 계속 생길 때 나는 어떤 반응을 보였나요? 랍비 아키바처럼 하나님이 더 좋은 것으로 채워 주실 것을 믿고 감사 기도를 드려 보세요.

감사 씨앗에서 파아란 새싹이 돋아납니다.
매일매일의 작은 감사는 새싹을 키우는
햇빛과 물과 바람이 될 거예요.

감자 재삭

하녀의 욕심

19세기 초 영국에 콩글톤 경이라는 사람이 있습니다. 여러 하녀들을 거느리며 부자로 살았던 콩글톤 경은 어느 날 부엌 앞을 지나다가 한 하녀의 푸념을 우연히 듣게 되었습니다.

"휴, 나는 왜 이렇게 가난할까? 지금 내게 5파운드만 있어도 정말 행복할 텐데!"

그 말을 들은 콩글톤 경은 잠시 생각에 잠겼습니다.

'음, 내게는 5파운드라는 돈이 아무것도 아닌데, 저 하녀에게는 정말 큰 돈인가 보군.'

콩글톤 경은 문득 하녀를 행복하게 해주고 싶다는 마음이 들었습니다. 그래서 5파운드를 손에 쥐고는 하녀를 불렀습니다.

"사실 네가 부엌에서 하는 이야기를 다 들었다. 여기 5파운드다. 이것으로 네가 행복하다면 나도 기쁘겠구나."

콩글톤 경은 마음이 흐뭇했습니다. 하녀가 분명히 기뻐할 거라 생각했거든요. 그런데 그 하녀는 자신의 손에 5파운드가 있음에도 불구하고 돌아서서는 혼잣말로 이렇게 속삭이는 것이었습니다.

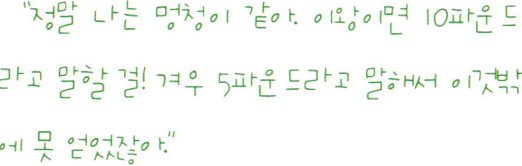

"정말 나는 멍청이 같아. 이왕이면 10파운드라고 말할 걸! 겨우 5파운드라고 말해서 이것밖에 못 얻었잖아."

사람의 욕심은 정말 끝도 없어요. 이야기 속의 하녀의 모습이 우리의 모습은 아닌지 한번 곰곰이 생각해 보아요. 우리는 원하는 것을 손에 넣기만 하면 세상을 얻은 듯 행복할 거라고 생각하지만, 막상 그것을 얻게 되면 더 큰 것을 바라게 된답니다. 그래서 감사하기보다는 불평불만을 하게 되는 것이지요.

욕심은 마치 늪과 같아서 점점 깊숙이 빠져들기가 쉽습니다. 욕심 대신 감사하는 마음을 채워 보세요. 그것이 행복의 시작이랍니다.

생각의 자

여러분은 어떤 것에 욕심을 부리나요? 욕심이 채워지고 나서는 또 다른 욕심 때문에 힘들었던 적은 없었나요? 욕심을 버리고 '감사'의 마음을 가져 보세요.

다른 사람이 더 행복해 보여요

더운 여름날 한 청년이 배가 고파 햄버거 가게에 들렀습니다. 그리고 햄버거 하나를 사서 밖으로 나와 야외 벤치 그늘에 앉아 땀을 식히며 햄버거를 먹고 있었지요. 그때 으리으리하고 번쩍이는 자동차 한 대가 햄버거 가게 앞에 멈추어 서는 것이었습니다. 차에서는 비서인 듯한 여자가 내리더니 햄버거를 사서 차 안으로 건네주었습니다. 그 모습을 바라본 청년은 부러워하며 이런 생각을 했습니다.

'야, 나도 누군가 사다주는 햄버거를 저런 멋진 차 안에서 편히 앉아

먹는다면 얼마나 좋을까? 이 더운 날 땀을 뻘뻘 흘리면서 청승맞게 공원 의자에 쪼그리고 앉아먹고 있는 내 신세가 정말 처량하군.'

그런데 같은 시간 자동차 안에서 햄버거를 먹고 있던 남자도, 벤치에 앉아서 햄버거를 먹고 있는 청년을 바라보며 생각했습니다.

'나도 저 청년처럼 다리가 건강해서 햄버거를 사먹으러 여기까지 걸어서 올 수 있다면 얼마나 좋을까? 그리고 자유롭게 벤치에 앉아 맑은 공기를 마시며 점심을 먹을 수 있다면 얼마나 행복할까!'

이처럼 사람들은 자기에게 없는 것, 자신이 갖지 못한 것만을 생각하며 다른 사람과 비교하며 삽니다. 원하던 것을 손에 넣는 순간은 기뻐하다가도 다른 사람의 손에 들린 것이 더 좋아 보이면 그 기쁨도 잠시뿐이고 감사한 마음이 순식간에 사라져 버리지요. 어떤 박사님이 말했어요. 사람에게 약으로 고칠 수 없는 병이 하나 있는데 그것은 바로

'열등감'과 '비교하는 것'이라고요. 비교하는 병을 물리치고 자신에게 있는 것들에 감사하세요.

생각의 자

나 자신을 다른 사람과 비교하면서 속상했던 적이 있었나요? 어떤 면에서 내가 행복하지 못하다는 생각이 들었나요? 그 문제를 반대로 생각해 보세요. 그럼 내가 얼마나 행복한지 알게 될 거예요.

비교하지 마세요

어느 날 제자들이 예수님께 물었습니다.

"예수님, 하늘나라에서는 누가 가장 큰 사람입니까?"

모두가 자기 이름을 불러줬으면 하는 눈빛으로 예수님을 바라보았습니다.

예수님은 뭐라고 대답하셨을까요? 먼저 예수님은 근처에서 놀고 있는 어린아이 하나를 불렀습니다.

"애야, 이리 온."

어리둥절한 표정으로 다가온 아이를 예수님은 제자들 앞에 세우셨습니다. 그리고 이렇게 말씀하셨습니다.

"잘 들어라. 너희가 돌이켜서 어린아이들처럼 되지 않으면, 절대로 하늘나라에 들어가지 못할 것이다. 하늘나라에서 가장 큰 사람은 이 어린이와 같이 자기를 낮추는 사람이다."

그 말을 들은 제자들은 부끄러워 고개를 숙였습니다.

아마도 제자들은 이 세상에서 큰 사람들이 하늘나라에서도 크지 않을까 생각했던 모양입니다. 마치 시험을 치르고 점수가 발표되기 전에 "선생님, 이번 시험 누가 일등이에요? 누가 제일 높은 점수를 받았어요?"라고 묻는 것과 같지요.

이처럼 우리는 비교하기를 좋아하고, 그 중에서 자신이 제일 뛰어나기를 바랍니다.

그래서 자기가 다른 친구보다 성적이 조금 더 높다든가, 더 예쁜

옷을 입었다든가, 더 비싼 학용품을 가지고 있으면 기분이 으쓱해집니다. 그러나 자기보다 더 좋은 것을 가진 친구가 나타나면 기분이 상합니다.

그리고 자꾸 친구와 비교하다 보면 감사하는 마음은 점점 사라지고 오히려 불평이 생겨납니다.

생텍쥐페리라는 작가가 쓴 <어린 왕자>라는 책을 읽어 본 적이 있나요? 그 책에서 주인공 어린 왕자는 이런 말을 했습니다. "어른들은 숫자를 아주 좋아해."라고 말이죠. 그런데 요즘에는 어린이 여러분들도 어른들을 많이 닮아가는 것 같아요. 모든 것을 숫자로 비교하고 판단하는 모습이 자주 보이거든요.

"네 여자친구 예뻐? 키가 얼만데?"

"그 애가 사는 아파트는 몇 평인데?"

"이번에 몇 등 했니?"라고 말하는 대신 이런 말을 해 보는 건 어떨까요?

"내 여자친구는 고양이를 좋아해."

"그 애 집은 예쁜 화분들이 가득해."

"최선을 다해 시험을 봤어. 다음엔 더 열심히 할 거야."

우리가 숫자로 모든 것을 따지다 보면 하나님께서 주신 감사의 눈이 흐려진답니다. 그래서 하나님께서 우리를 얼마나 귀하게 여기시는지도 모르게 되지요. 비교하는 마음보다 무엇이든 소중하다는 생각을 가져 보세요.

생각의 자

친구들 중에 부러운 친구가 있나요? 친구의 어떤 점이 부러운가요? 내가 친구보다 잘하는 것이 있다면 그것은 무엇일까요? 나의 좋은 점을 생각해 보고 그것에 대해 감사해 보세요.

과자에 담긴 사랑

한스 우드 선생님은 초등학교 1학년 담임을 맡았습니다. 어느 날 읽기 시간에 선생님은 문득 아이들에게 남을 배려하고 대접하는 마음을 가르쳐 주고 싶다는 생각을 했습니다. 그러기 위해서는 먼저 선생님이 아이들을 위해 뭔가를 해 줘야겠다고 마음먹었지요. 그래서 그날 밤 귀여운 동물 모양의 과자를 정성스럽게 구웠답니다. 먹음직스럽게 잘 구워진 과자 위에 색색깔의 설탕으로 예쁘게 장식했지요. 특히 오렌지 빛 꼬리에 노란 갈기를 가진 사자모양의 과자는 정말 근사했습니다.

다음 날 아침 선생님은 쟁반에 과자를 담아 아이들에게 보여 주며 말했습니다.

"자, 여러분, 선생님이 여러분들을 생각하며 밤새 과자를 만들어 보았어요. 싸우지 말고 조용히 앞으로 나와서 하나씩 마음에 드는 과자를 집어 가세요."

그런데 사내아이들은 앞 다투어 달려들어 한 움큼씩 집어갔습니다. 특히 사자모양의 과자는 서로 갖겠다고 난리였지요. 여자아이들도 남은 과자를 놓고 서로 먹으려고 티격태격 싸웠습니다. 눈 깜짝할 사이에 과자는 다 없어졌고 교실은 아수라장이 되었습니다. 교실 뒤편에서 우두커니 서 있는 신디 한 명만 과자를 하나도 갖지 못했지요. 친구들에게 밀려 과자에 손도 대지 못한 거였습니다.

이 모습을 본 선생님은 실망감을 감추지 못했습니다. 어떤 아이도 친구를 먼저 챙겨 주는 모습을 보이질 않았어요. 더군다나 밤새 과자를 열심히 구워온 선생님에게 감사하다는 말을 한 사람은 아무도 없었습니다.

다음 날이 되었어요. 어제 과자를 먹지 못했던 신디가 선생님에게 다가왔습니다.

"저… 선생님."

"응, 신디야, 무슨 일이지?"

"어제 저희들을 위해서 맛있는 과자를 구워 주셔서 감사합니다."

"그래? 고맙구나. 하지만 신디 너는 먹지도 못했잖니."

선생님은 미소를 지으며 말했습니다.

그러자 신디도 빙긋 웃으며 이렇게 말했습니다.

"사실 어제 과자를 못 먹은 것 때문에 속상했어요. 그래서 집에 가서 엄마에게 이야기를 했는데, 엄마가 그러셨어요. 과자보다 선생님의 따뜻한 마음이 더 중요한 거라고요. 아무도 감사하다고 말한 친구들이 없었다고 하니까, 저보고 선생님에게 꼭 감사의 마음을 전하라고 하셨어요. 전 비록 과자는 못 먹었지만, 선생님이 저희를 사랑하고 아끼시는 마음에 감사드리고 싶어요."

신디의 이야기를 옆에서 듣고 있던 한 여자 아이가 쭈뼛쭈뼛 하더니 선생님 앞으로 다가왔어요.

"선생님, 죄송해요. 그리고 감사합니다. 어제 과자 정말 맛있었어요."

그러자 교실 여기저기서 "선생님, 감사합니다."라는 말이 들려왔습니다.

"선생님, 이 세상에서 제일 맛있는 과자였어요. 고맙습니다. 내일 또 구워 주세요, 네?"

아이들은 일제히 소리쳤고, 선생님은 환한 미소로 화답했습니다.

생각의자

선생님께 진심으로 감사드린 적이 있나요? 친구들과 감사 카드를 만들어서 드려 보세요. 꼭 스승의 날이 아니더라도 가끔씩 선생님께 감사의 마음을 표현해 보세요.

걱정을 다스리세요

이 세상에 걱정과 염려가 없는 사람은 아무도 없을 거예요. 어린이 여러분도 걱정거리 때문에 기운이 없고, 밥도 먹기 싫고, 친구와도 놀고 싶지 않은 적이 있었나요? 그럴 때면 마음이 참 괴롭지요? 어른들도 걱정을 많이 하지요. 나이가 들수록 걱정하고 염려하는 것들이 점점 늘어나는 것 같아요.

그런데 그런 걱정들을 잘 생각해 보면 정말 아무것도 아니라는 걸 알게 될 거예요. 어떤 사람들이 걱정에 대해 알아보았는데, 사람들이 하는 걱정의 10분의 9가 옛날에 일어난 일이거나 아직 일어나지 않은 미래의 일들이라고 합니다. 현재와 관련한 걱정은 겨우 10분의 1밖에 되지 않았던 것이지요.

그렇다면 하루 24시간 가운데 걱정으로 낭비하는 시간은 얼마나 될까요? 우리는 걱정거리가 해결되면 행복할 거라고 착각합니다. 그런데 꼭 그렇지만은 않은 것 같아요.

유명한 심리학자 어니 젤린스키는 걱정을 잘 다스리는 사람이지요. 그는 <모르고 사는 즐거움>, <느리게 사는 즐거움>, <보세요! 엄마, 인생은 쉬운 거예요> 등 많은 책을 쓴 작가이기도 한데, 참 특이한 사람이랍니다. 세월이 아무리 흘러도 항상 자기 나이가 35살이라고 말하지요. 그리고 일주일에 4일만 일을 합니다. 또 일 년 열두 달 가운데 알파벳 'r'이 들어간 달은 무조건 쉰다고 합니다. 그렇지만 젤린스키가 쓰는 책마다 베스트셀러가 되었습니다. 그 비결이 무엇일까요?

젤린스키는 일은 안 하고 빈둥빈둥 노는 것이 아니라 다른 사람들이 걱정과 염려로 보내는 시간을 자유롭고 행복하고 감사한 생활로 바꾸었습니다. 감사하는 사람에게는 창의력이 넘치거든요.

젤린스키의 <느리게 사는 즐거움>에 나오는 놀라운 사실을 알려

줄게요.

우리가 하는 걱정거리의 40퍼센트는 절대 일어나지 않을 사건, 30퍼센트는 이미 일어난 사건, 22퍼센트는 사소한 사건, 4퍼센트는 우리가 해결할 수 없는 사건들이라고 합니다.

그러니까 우리가 걱정하는 것들 가운데 96퍼센트가 아무 쓸모없다는 것입니다. 걱정을 하면서 해결책을 찾을 수 있는 것은 고작 4퍼센트뿐인 것이지요.

예수님은 걱정이 많은 우리를 위해 이런 좋은 말씀을 해 주셨습니다.

"내일 일은 걱정하지 마라. 내일 걱정은 내일이 맡아서 할 것이란다. 한 날의 괴로움은 그 날에 겪는 것으로 족하다"(마태복음 6장 34절).

욕심을 부리지도 않고, 비교도 하지 않고, 염려도 하지 않는 대신 우리가 해야 할 일은 무엇일까요? 아무것도 염려하지 말고, 모든 일을 오직 기도와 간구로 하고, 여러분이 바라는 것을 감사하는 마음으로 하나님께 아뢰면 된답니다(빌립보서 4장 6절 참조).

생각의 자

과거에 일어난 일 때문에, 혹은 아직 일어나지 않은 일 때문에 걱정을 많이 하나요? 걱정을 떨쳐 버릴 수 있는 방법은 무엇일까요? 성경 말씀대로 하나님께 기도하세요. 걱정과 근심을 감사로 바꾸는 훈련을 해 보세요.

누가 상을 받아야 할까요?

옛날, 특별한 음식만 찾는 왕이 있었습니다. 왕은 매일 먹는 음식에 질려서 뭔가 더 특별한 맛을 지닌 음식이 먹고 싶어졌습니다. 어디서도 맛볼 수 없는 그런 음식을 만드는 요리사에게는 큰 상을 내리겠다고 온 나라에 공포까지 했습니다.

방방곡곡에서 유명하고 실력 있다는 요리사들이 구름 떼처럼 몰려왔습니다. 저마다 자신 있는 음식을 해서 왕에게 바쳤습니다. 그 중 왕의 입맛을 사로잡은 음식이 있었습니다.

그 음식을 만든 요리사가 드디어 왕 앞에 불려갔습니다.

"자네가 만든 요리, 정말 훌륭하네. 내가 약속대로 큰 상을 내릴 테니, 나에게 오늘 맛본 이 음식과 같은 맛있는 요리를 계속해서 해 주게. 이 왕궁에서 지내면서 말이야."

그러나 요리사는 상을 거절하며 이렇게 말했습니다.

"전하, 저는 상을 받을 자격이 없습니다. 이 요리의 주요 재료인 싱싱한 채소를 판 야채장수가 이 상을 받아 마땅하다고 생각합니다."

왕은 순간 눈이 휘둥그레지며 놀랐습니다.

"그래? 어허, 네 말이 그렇다면 싱싱한 채소를 기른 야채장수를 불러보겠다."

이번에는 야채장수가 왕 앞에 불려 왔습니다.

"네가 이 요리사에게 야채를 판 사람인가?"

"예, 폐하."

"그렇다면, 이 요리사 대신에 상을 받아라."

"네? 아이고, 아닙니다. 저는 단지 야채를 팔았을 뿐입니다. 상을 받을 사람은 이 야채를 재배한 농부입니다."

"그래? 그렇다면 농부를 불러들이라."

마지막으로 왕 앞에 불려온 농부는 무슨 영문인지 몰라 어리둥절했습니다.

왕이 말했습니다.

"요리사도, 야채장수도 내 상을 받지 못한다고 하는구나. 상을 받을 사람은 바로 야채를 싱싱하게 재배한 농부라고 하기에 너를 부른 것이다."

"전하, 저는 그저 씨앗을 뿌리고 채소를 잘 손질만 했을 뿐입니다. 상을 받으실 분은 바로 하나님이십니다. 때를 따라 비를 주시고 햇볕을 주신 분이십니다."

생각의 자

하나님이 주신 선물은 참 많습니다. 여러분 주위를 둘러보세요. 그리고 하나님이 내려주신 축복들이 무엇인지 살펴보세요.

모래단지와 쇳가루

　사막지대에 살고 있는 부족이 있었습니다. 매일매일 똑같은 삶이 반복되어 모두들 하늘만 바라보며 뭔가 특별한 일이 일어나기를 바라고 있었지요. 그러던 어느 날 경비행기 한 대가 추락했습니다. 부락 사람들은 하늘에서 떨어진 물체에 잔뜩 겁을 먹었습니다. 그래서 아무도 다가가려고 하지 않았지요. 그때 용감한 한 청년이 떨어진 비행기 가까이 다가갔습니다. 시커먼 연기 가운데 뭔가 꿈틀거렸습니다. 그것은 바로 부상을 당한 조종사였습니다.

　청년은 조종사를 등에 업고 얼른 족장에게 데려갔습니다. 족장은 생김새는 다르지만 생명을 지닌 사람이니 치료를 극진히 해 주라고 명령했습니다. 일주일이 지나자 조종사는 회복되었고, 말이 통하지 않아서 그림을 그려가며 의사소통을 했습니다.

조종사의 위치를 파악한 구조대가 도착했을 때 조종사가 부락 사람들에게 물었습니다.

"제 목숨을 살려 주셔서 감사합니다. 무엇으로 보답을 하면 좋을까요?"

그러나 아무도 그 말을 알아듣지 못했습니다.

집으로 돌아온 조종사는 그 부락에 대한 자료들을 읽으면서 그들이 가장 귀하게 여기는 것이 무엇인지 알아냈습니다. 그것은 바로 쇳가루였지요. 부락 사람들은 쇳가루를 저울에 달아 돈처럼 사용합니다. 조종사는 부락 사람들 모두에게 단지 가득 쇳가루를 넣어 보내기로 마음먹었습니다. 그런데 아내가 말렸습니다.

"쇳가루가 갑자기 흔해지면 값어치가 떨어질 거예요. 그러니 조금씩만

보내세요. 그리고 이 기회를 통해 그들에게 하나님의 축복을 알려 주는 것이 좋겠어요."

아내의 지혜를 빌어 조종사는 여러 개의 단지를 준비하고 그 안에 모래와 쇳가루를 함께 넣어 보냈습니다.

단지를 받아 든 부락 사람들이 한 자리에 모였습니다. 기대감에 차서 뚜껑을 열었지요. 그런데 단지 속에는 모래가 가득했습니다. 실망한 사람이 한둘이 아니었습니다. 사방에 널려 있는 것이 모래인데 뭣에 쓰겠냐고 한마디씩 불평을 늘어놓았습니다.

그런데 한 사람이 외쳤습니다.

"모래 속에 쇳가루가 섞여 있어요!"

너도나도 단지 속을 휘저었습니다. 손가락 끝에 간간히 모래와는 다른 물질이 만져졌지요. 쇳가루가 섞여 있다는 것을 알게 된 사람들은 제각기 단지를 들고 집으로 갔습니다.

쇳가루만 얻으려면 어떻게 해야 할까요? 어떤 사람은 단지 속에 손을 넣어 열심히 휘젓습니다. 그러나 정작 손에 잡히는 쇳가루는 얼마 되지 않습니다. 그런데 어떤 사람은 자석을 단지 속에 넣어 휘이 젓습니다. 잠시 후 어떻게 되었을까요? 당연히 자석 끝에 쇳가루들이 다닥다닥 붙어 올라오겠지요.

여러분, 쇳가루를 하나님이 주신 선물이라 생각해 보아요. 그러면 그 쇳가루를 좀 더 많이 얻고 싶어서 단지 속을 마구 휘젓겠지요? 아무리 긁어모으려고 해도 손가락 사이로 다 빠져나가 버립니다. 그런데 자석이 나타난 순간 그 쇳가루들은 일제히 모여 자석에 찰싹 붙습니다. 여기서 자석은 '감사'의 마음입니다.

하나님이 주신 선물을 많이 얻는 방법은 바로 감사의 마음을 갖는 것입니다. 그렇게 되면 저절로 선물들이 딸려 오지요.

'감사'라는 것은 정말 대단하지요? 무엇을 얻기 위해 억지로 감사하는 것이 아니라 그저 모든 일에 감사한 마음을 갖게 되면 하나님이 더 좋은 것들을 선물로 주신답니다.

생각의 자

여러분의 삶에 좋은 일들이 가득하면 좋겠지요? '감사'라는 자석을 사용해 보세요. 행복과 기쁨의 선물들이 줄줄이 딸려올 거예요. 감사한 마음을 가져서 좋았던 경험들을 가족이나 친구들과 나눠 보세요.

소녀의 카드

1860년 9월, 미국 북동부에 있는 미시간 호수에서 유람선 한 척이 심한 폭풍우로 인해 암초에 부딪쳤습니다. 400명이 넘는 승객을 태운 아주 큰 배였지요. 배 주변은 순식간에 아수라장으로 변했습니다.

미시간 호 근처에 있는 명문대학 노스웨스튼 대학교 기숙사에까지 비명소리가 들려왔습니다.

"살려주세요! 살려주세요!"

마침 기숙사에서 공부를 하고 있던 스펜서는 고함소리가 들리는 곳을 향해 힘껏 달렸습니다. 다행히 스펜서는 수영선수였습니다. 스펜서는 온 힘을 다해 뭍에서 800미터나 떨어진 침몰 현장을 16차례나 헤엄쳐 오가며 물에 빠진 사람들을 구출해 냈습니다. 스펜서가 구출한 사람은 모두 17명이었습니다. 탈진한 스펜서는 병원으로 옮겨졌습니다.

이 사실이 언론에 크게 보도되었습니다. 모두 스펜서를 향해 칭찬을 아끼지 않았습니다. 그러나 스펜서는 그 후 몸 상태가 별로 좋지 않아 휠체어를 타고 지내야 했지요.

병상에 누워 있던 스펜서에게 한 기자가 찾아왔습니다.

"그때 사건을 기억하시지요?"

"그럼요. 엊그제 일처럼 생생합니다."

"17명이나 생명을 구해 준 것으로 알고 있는데, 혹시 그 사람들 가운데

아직까지 연락을 해오는 사람이 있나요?"

 그 말에 스펜서는 힘없이 고개를 저을 뿐이었습니다.

 "딱 한 소녀가 해마다 저에게 크리스마스카드를 보내오고 있답니다. 감사의 마음을 담아서요."

생각의 자

여러분이 어려울 때 도와준 분이나 친구에게 감사의 표현을 한 적이 있나요? 아직도 감사한 마음을 기억하고 그 마음을 전하고 있나요?

아홉은 어디 있느냐?

예수님이 예루살렘으로 가시는 길에, 사마리아와 갈릴리 사이를 지나게 되었습니다. 예수님은 어떤 마을로 들어가시다가 나병 환자 열 사람을 만나셨지요. 그들은 멀찍이 멈추어 서서, 소리를 높여 말했습니다.

"예수님, 우리를 불쌍히 여겨 주십시오."

그 당시 나병 환자들은 부정한 자들로서 자기 옷을 찢고, 머리털을 풀고, 사람들이 가까이 오면 손으로 입술을 가리고 "부정하다! 부정하다!"라고 큰 소리로 외쳐야 했습니다. 일반 사람들이 가까이 오는 것을 막기 위해서였지요.

예수님은 그들에게 말씀하셨습니다.

"가서, 제사장들에게 너희 몸을 보여라."

그런데 그들이 가는 동안에 몸이 깨끗해졌습니다.

그들 가운데 한 사람은 자기의 병이 나은 것을 보고, 큰 소리로 하나님께 감사하며 되돌아와서는 예수님의 발 앞에 엎드렸습니다. 그는 사마리아 사람이었습니다. 예수님이 물었습니다.

"열 사람이 깨끗해지지 않았느냐? 그런데 아홉 사람은 어디에 있느냐? 하나님께 영광을 돌리러 되돌아온 사람은, 이 이방 사람 한 명밖에 없느냐?"

그들은 예수님께 자신들의 병을 고쳐 주길 간절히 원했고, 예수님은 그들의 소원대로 병을 고쳐 주신 것입니다. 그러나 열 사람 가운데 아홉 명은 병을 고침받자 기뻐서 제사장에게 달려가 버렸고, 한 사람만 가던 길을 멈추고 예수님께로 돌아와 감사를 드렸습니다. 예수님은 감사를 표하는 이방인을 기뻐하시며 이렇게 말씀하셨습니다.

"일어나서 가거라. 네 믿음이 너를 구원하였다" (누가복음 17장 19절).

결국 이스라엘 사람 아홉 명은 몸의 병을 치료받는 것으로 그쳤지만 감사 인사를 드린 사마리아 사람은 '영혼의 구원'까지 선물로 받게 되었습니다.

똑같은 은혜를 입었는데 어떻게 이스라엘 사람과 사마리아인이 이렇게 다를 수 있을까요? 여기에 바로 감사의 비밀이 숨겨 있답니

다. 원래 사마리아인들은 이스라엘 사람들로부터 무시당하고 따돌림을 받던 사람들이었습니다. 가장 낮은 자리에 있었기에 마음이 가난했지요. 그래서 감사를 자연스럽게 할 수 있었던 거예요.

우리는 실패하거나, 상황이 어려울 때 감사하기 힘듭니다. 그래서 나중에 성공하면 감사를 드리겠다고 미루지요. 그러나 진정한 감사는 부자가 되고 성공했을 때 드리는 것이 아닙니다.

어떠한 상황에 있든지 겸손한 마음으로 감사를 드리는 것이 하나님께서 기뻐하시는 진정한 감사입니다.

생각의자

하나님이 거하시는 곳은 두 곳이 있습니다. 하나는 천국이고, 다른 하나는 감사하는 마음이지요. 늘 감사하는 마음으로 생활한다면 여러분 마음은 하나님이 계시는 작은 천국이 된답니다.

맥클러 박사님의 실험

미국 텍사스 주 댈러스에 살고 있는 맥클러 박사님이 친구와 함께 재미있는 실험을 생각해 냈습니다. 처음에는 실험 대상이 없어서 고민을 했습니다. 그런데 친구 박사님이 꾀를 냈지요. 캘리포니아 대학 신문과 게시판에 "실험에 참가하고 싶은 사람은 높은 시험 점수를 주겠으니 신청하세요."라는 글을 실은 거예요.

그다음 날 수백 명의 지원자가 몰려왔습니다. 맥클러 박사님은 웃으면서 그 가운데 300명을 뽑아 100명씩 세 팀으로 나누었지요. 그리고 각 팀마다 다른 과제를 내주었습니다.

A반 학생들에게는 "오늘 일어난 일들을 모두 적으시오."라고 했고,

B반 학생들에게는 "오늘 기분 나빴던 일들을 모두 적으시오."라고 했으며,

C반 학생들에게는 "오늘 감사했던 일들을 모두 적으시오."라고 했습니다.

이 실험은 3주 동안 계속되었습니다. 드디어 3주가 지났습니다.

3주 후 어떠한 결과가 나왔을까요?

C반 학생들은 3주 동안 가장 행복했다고 말했습니다. 스트레스도 거의 받은 일이 없다고 했지요. 그리고 그 기간 동안 병이 난 사람은 한 명도 없었습니다. 모두 활기가 넘쳤으며 밝은 표정으로 사람들을 대했습니다.

반대로 B반 학생들은 다른 때보다 더 많이 친구랑 다투었고, 남자친구나 여자친구랑 헤어지기도 했으며, 위장병이 생겼다고 했습니다. 물론 얼굴도 미워졌고요.

맥클러 박사님은 실험 결과를 이렇게 발표했습니다.

"감사하는 사람들은 스트레스를 잘 받지 않습니다.

감사하는 사람들은 다른 사람들보다 내가 행복하다고 느낍니다.

감사하는 사람들은 힘이 넘치고 병이 잘 나지 않습니다.

감사하는 사람들은 다른 사람들에게도 기쁨을 줍니다.

감사와 불평은 바이러스와 같아서 다른 사람들을 전염시킵니다."

생각의 자

매일매일 감사했던 일들을 모두 적어 보세요. 그러면 얼굴도 예뻐지고 몸도 건강해질 거예요.

요셉의 감사

야곱에게는 12명의 아들이 있었습니다. 요셉은 그 가운데 열한 번째 아들입니다. 아버지 야곱은 요셉을 특별히 사랑했기 때문에 빨강, 노랑, 오렌지 등 여러 색으로 된 화려한 옷을 입혔습니다. 그로 인해 형제들 모두가 요셉을 시기했어요.

그러던 어느 날 요셉이 꿈을 꾸고서 그것을 형들에게 말했는데 그 후 형들은 더욱더 요셉을 미워하게 되었습니다. 요셉이 말했어요.

"형님들, 제 꿈 이야기를 들어보실래요? 밭에서 곡식 단을 묶고 있었는데 갑자기 제가 묶은 단이 우뚝 일어서는 거예요. 그러자 형들의 단이 제 단에게 절을 했어요."

형들이 따져 물었습니다.

"그래? 그럼 네가 우리의 왕이라도 된단 말이냐?"

얼마 뒤에 요셉은 또다시 꿈을 꾸었어요. 이번에도 형제들에게 꿈 이야기를 해 주었지요.

"이번에도 이상한 꿈을 꾸었는데, 해와 달과 열한 개의 별들이 제게 절을 하지 뭐예요."

이번에는 아버지 야곱도 요셉을 나무랐습니다.

"그래, 나랑 네 어머니 또 네 형들이 네게 절을 할 것이란 말이냐?"

어느 날 아버지 야곱은 요셉에게 형들이 들에서 무엇을 하는지 살펴보고 오라고 했습니다. 그런데 화가 난 형들은 요셉을 유인해 빈 우물에 빠뜨렸어요. 그리고 요셉의 옷에 염소 피를 묻힌 후 그것을 야곱에게 가지고 갔지요. 야곱은 요셉이 들짐승에게 물려 죽었다고 생각했습니다. 형들은 요셉을 이집트로 가는 상인들에게 팔아넘긴 사실을 숨겼습니다.

한편 요셉을 이집트로 끌고 간 상인들은 파라오로 불리는 애굽 왕의 경호대장인 보디발에게 요셉을 팔았습니다. 요셉은 보디발의 아내에게 모함을 당하고 감옥에 갇히기도 했지만 바로의 꿈을 해석하고 다가올 7년 동안의 흉년을 대비할 수 있게 하여 높은 벼슬을 얻었지요. 이때 요셉의 나이는 30세였습니다.

요셉의 가족들도 흉년으로 고생을 하다가 식량을 구하기 위해 애굽까지 와서 요셉을 만나게 되었으나 전혀 알아보지 못했습니다. 요셉만 형들을 알아봤지요.

애굽의 총리가 다름 아닌 요셉이라는 것을 알게 된 형들은 더럭 겁이 났습니다. 그래서 요셉 앞에 엎드려 이렇게 말했습니다.

"저희는 아우님의 종입니다."

그러자 요셉은 모든 것을 용서하는 마음으로 말했습니다.

"두려워하지 마십시오. 내가 하나님을 대신하기라도 하겠습니까? 형님들은 저를 해치려고 했지만, 하나님께서는 저를 통해 수많은 사람의 생명을 구원하셨습니다."

요셉은 자신을 여기까지 인도하신 하나님께 감사를 드렸습니다. 그는 고통과 슬픔을 통해 하나님께 감사하는 법을 터득했던 것입니다. 감사할 수 있는 사람은 겸손하기 때문에 결코 복수를 하지 않습니다. 대신 사랑으로 갚습니다.

요셉은 고향을 떠나 먼 애굽 땅으로 팔려왔지만 어느 곳에 있던지 자신을 돌보시는 하나님께 늘 감사했습니다. 감사와 찬양은 우리가 천국에 가서도 해야 할 일이기 때문입니다.

생각의 자

요셉처럼 분노와 복수심이 생기는 상황이 있었나요? 그럴 때 내 마음은 어땠나요? 그런 상황에서 분노를 억누르고 조용히 하나님께 기도드리세요. 겸손한 마음으로 늘 감사할 수 있게 해달라고 기도하세요.

무지갯빛 장갑

어느 추운 겨울날이었습니다. 한 초등학교 주변에 경사가 급한 도로가 있었습니다. 아이들이 등교할 때마다 많은 차들이 쌩쌩 달려서 아슬아슬한 광경이 연출되곤 했었지요. 그래서 부모님들과 선생님들은 더 신경 써서 노란 깃발을 들고 교통정리를 합니다. 모두 아이들을 위험한 차들로부터 보호하기 위해서지요.

이 학교 교장 선생님도 아이들의 안전이 걱정되어 매일 건널목 앞에서 아이들을 지켜본답니다. 키가 자그마한 교장 선생님은 아이들과 친구처럼 지내지요. 장난도 치고 재미난 이야기도 나누어요. 교장 선생님은 이 학교에 처음 오셨을 때 이런 말씀을 하셨대요.

"저는 키도 작고 노래도 못 부르고, 춤도 못 춥니다. 머리가 뛰어나지도 않습니다. 그러나 저는 아이들을 매우 사랑합니다."

정말 그렇습니다. 아이들을 바라보는 교장 선생님의 따뜻한 눈빛만 봐도 아이들을 얼마나 사랑하는지 금세 알 수 있습니다. 그런 마음을 아는지 아이들도 교장 선생님을 무서워하지 않고 잘 따른답니다.

매일 등교하면서 교장 선생님을 향해 환한 웃음을 지으며 "교장 선생님, 안녕하세요?" 하고 큰소리로 인사하는 아이들을 보는 일이 교장 선생님에게는 가장 큰 행복이지요.

그런데 어느 날이었어요. 그날은 유난히 겨울 바람이 매서운 날이었지요. 아이들은 장갑과 목도리와 털모자로 꽁꽁 둘러매고 길을 건너 교실로 뛰어 들어가기에 바빴습니다. 교장 선생님은 날이 추워도 아이들을 보기 위해 건널목 앞에 서 계셨지요.

아이들은 지각할까 봐 건널목을 쪼르르 뛰어 건너고 싶다가도 교장 선생님을 보면 멈칫하면서 신호등에 파란 불이 켜지기를 초조하게 기다린답니다.

빨간 불이 켜 있는 동안 건널목을 건너기 위해 아이들이 하나둘 모여 들었습니다. 교장 선생님은 "애들아, 많이 춥지? 자, 이제 조금만 기다리렴. 파란 불이 되면 호루라기를 힘차게 불어 줄게. 그때 천천히 건너라." 하고 말했습니다.

그런데 차가운 바람이 교장 선생님의 코와 귀와 손을 빨갛게 만들었습니다. 그때 누군가가 교장 선생님의 손을 톡톡 쳤습니다.

교장 선생님은 "누구지?" 하며 고개를 돌렸습니다.

고사리 같은 손으로 벙어리 장갑을 들고 서 있는 자그마한 아이가 눈에 띄었습니다.

"교장 선생님, 추우시죠? 이것 끼세요."

아이는 고작 1학년 학생밖에 되어 보이지 않았습니다. 그런데 교장 선생님께 자신의 벙어리 장갑을 내놓는 것이었어요.

"괜찮다."라는 말을 채 꺼내기도 전에 아이는 파란 불로 바뀌는 것을 보고 후다닥 뛰어갔습니다.

교장 선생님은 미소를 머금고 작은 벙어리 장갑을 뺨에 대보았습니다. 그 장갑은 알록달록 무지개색의 장갑이었습니다. 아이가 조금 전까지 끼고 있어서였는지 따뜻한 온기가 얼굴을 타고 전해졌습니다. 장갑이 작아 손에 낄 수는 없었지만, 손 안에 꼭 쥐고만 있어도 아이의 사랑이 듬뿍 느껴졌습니다.

그날 이후로 교장 선생님은 "무지갯빛 장갑~ 무지갯빛 장갑~" 하고 흥얼거리십니다. 한 아이의 감사가 담긴 무지갯빛 장갑이 교장 선생님의 마음에 무지갯빛 사랑을 채워 준 것입니다.

생각의 자

불평하는 마음은 불평을 계속 낳게 마련이에요. 이런 마음이 생길 때마다 꾹 참고 감사해 보세요. 불평이 사라지는 신기한 경험을 하게 될 거랍니다.

악어와 사냥꾼

사냥꾼이 숲에서 영양 한 마리를 잡았습니다. 그때 *몽구스가 나타나 애걸했습니다.

"배가 너무 고픈데 그 고기 조금만 주시겠어요? 제발요. 그럼 그 은혜는 꼭 갚겠습니다."

사냥꾼은 배고픈 몽구스에게 영양의 고기를 떼어 주었습니다.

다음 날 사냥꾼은 다시 숲으로 갔습니다. 안개도 끼고 나무들이 울창해서 길을 찾기가 힘들었습니다. 그때 악어가 나타났습니다.

"아저씨, 제가 먹이를 찾으러 나왔다가 길을 잃었는데 나를 강까

✽ 고양이족제비로 불리는 동물로 행동이 재빠르며 바위틈이나 나무 구멍에 숨어 삽니다.

지 데려다주면 큰 물고기 다섯 마리를 잡아드릴게요."

사냥꾼은 악어의 다리를 묶어 니제르 강까지 끌고 갔습니다.

강가에 이르자 악어가 말했습니다.

"이제 끈을 풀어 주면 물속에 들어가서 물고기를 잡아오지요."

악어는 여러 차례 물속에 들어가 물고기를 잡아왔습니다. 사냥꾼은 아예 둑에서 내려와 마지막 물고기를 기다렸습니다.

사냥꾼이 물고기를 들어 올리는 순간 악어가 사냥꾼의 발을 콱 물었습니다.

"아니, 이게 무슨 짓이냐. 도와달라고 한 때는 언제고 이제 와서 날 잡아먹으려고?"

"그건 내가 할 말이야. 네가 밧줄로 다리를 꽉 묶는 바람에 아파서 죽는 줄 알았어."

"그럼 죽기 전에 누가 잘못했는지 물어보기나 하자."

때마침 멍석 하나가 둥둥 떠내려 오고 있었습니다.

"저 멍석에게 물어보자."

자초지종을 듣고 난 멍석이 말했습니다.

"사냥꾼이 죽어 마땅해. 너희 인간들은 나를 멋대로 깔고 앉다가

낡아지면 강물에 내던져 버리거든."

이번에는 헌 옷 하나가 둥둥 떠내려 왔습니다.

사냥꾼은 한 번만 더 물어보자고 사정을 했습니다.

헌 옷이 말했지요.

"너희 인간들은 내가 새것일 때엔 입고 뽐내다가 낡아지면 이렇게 내던지지. 그래서 사람은 죽어 마땅해."

악어가 입을 쩍 벌리고 달려들자 사냥꾼은 마지막으로 한 번 더 물어보자고 사정했습니다. 이번에는 물을 마시러 강가로 내려온 늙은 말에게 물었습니다. 말이 말했지요.

"내 주인은 내가 젊었을 때에는 마구 부려먹다가 이렇게 늙으니 먹이도 주지 않고 내쫓았어. 사람은 죽어 마땅해."

그때 몽구스가 강가로 물을 마시기 위해 내려왔습니다. 사냥꾼이 구해 주었던 바로 그 몽구스였습니다.

"몽구스, 나 좀 도와줘!"

사냥꾼이 소리쳤습니다.

"웬일이세요?"

양쪽의 설명을 다 듣고 난 몽구스가 악어에게 말했습니다.

"글쎄, 직접 보질 못해서 어떤 상황인지 모르겠네요. 다리를 어떻게 묶었다고요?"

사냥꾼은 상황을 재연하기 위해 악어의 다리를 다시 묶었습니다.

"그렇군요. 그런데 처음에 어디에서 만났지요?"

그래서 악어와 사냥꾼은 숲으로 향했습니다.

"아하! 악어는 밧줄 때문에 고생했고, 사냥꾼 아저씨는 악어를 데려다 주다가 잡아먹히게 되었으니 밧줄을 풀어 주고 서로 원래 상태로 돌아가는 것이 제일 좋겠군요."

몽구스와 사냥꾼은 악어를 숲에 내버려둔 채 그곳을 떠났습니다. 결국 악어는 혼자 남아 먹이를 찾다가 굶주려 죽었답니다.

생각의 자

어리석은 악어처럼 은혜를 잊어버리고 자기 욕심을 채우려는 사람들이 있어요. 여러분은 나를 도와준 분이나 친구의 마음을 아프게 한 적은 없나요? 그런 경험이 있다면, 용서를 빌고 감사함을 전하세요.

감사 새싹이 무럭무럭 자라 커다란 감사 나무가 되었습니다.
감사하면 할수록 내 마음은 더 큰 감사와 행복으로 가득해져요.

감자나무

물에 뜨는 비누

거대한 기계 터빈이 윙윙 소리를 내면서 부지런히 비누 원액을 섞고 있습니다. 팀벌 아저씨는 연신 시계를 바라보고 있습니다. 팀벌 아저씨는 벌써 12년째 이 일을 하고 있지요. 팀벌 아저씨의 일은 터빈이 혹시 멈추지는 않는지 지켜보고, 정해진 시간에 스위치를 끄는 것입니다. 그 사이 팀벌 아저씨는 틈틈이 성경책도 읽고 신문도 봅니다. 이제는 시계를 보지 않고도 느낌만으로 시간을 알 정도가 되었습니다.

팀벌 아저씨가 처음 이 공장에 왔을 때 모두들 아저씨를 이상하게 여겼습니다. 어떤 사람들은 머리가 좀 이상한 것이 아니냐는 말까지 했지요. 실수로 넘어져도 "땡큐!" 윗사람에게 잔소리를 듣고 나서도 "땡큐!" 그래서 한 번은 화가 난 감독이 자기를 놀리는 것으로 오해하고 아저씨를 해고하려 한 적도 있지요. 그러나 시간이 지나면서 사람들은 감사하는 것이 아저씨의 습관이라는 것을 알게 되었어요.

아저씨는 어릴 때부터 어머니로부터 감사는 믿음의 고백이라고 배웠습니다. 그리고 무슨 일을 당하든지 먼저 하나님께 "감사합니다!"라고 말하는 훈련을 받았지요.

그래서 어른이 된 후에도 아저씨는 위기에 처한 순간에도 자기도 모르게 "땡큐!"라는 말을 하게 된 것이랍니다.

그런데 어느 날이었어요. 팀벌 아저씨는 출근할 때부터 들떠 있었습니다. 바로 그날 점심 식사 때 아주 중요한 약속이 잡혀 있었기 때문이지요. 아저씨 딸이 결혼할 남자친구를 데려온다는 것이었습니다. 직장 일이 바빠서 점심 때밖엔 시간을 낼 수가 없어 할 수 없이 점심 식사를 하며 얼굴을 보기로 했습니다.

아저씨는 거울을 보고 옷매무새를 고친 다음 서둘러 약속 장소로 향했습니다. 그 바람에 스위치를 끄는 것을 깜빡 잊어버리고 말았습니다. 공장으로 돌아온 아저씨는 가슴이 철렁했습니다. 혹시라도 문제가 생겨 직장을 잃게 되면 큰일이거든요. 아저씨는 손가락으로 비누 원액을 만져 보기도 하고 냄새도 맡아 봤습니다. 별 차이가 없는 것 같았습니다.

그날 만들어진 비누는 다른 비누와 함께 포장되어 전국에 팔려나갔습니다. 며칠 후 비누 공장으로 전화가 걸려왔습니다. '물에 뜨는 비누'를 많이 사고 싶다는 전화였습니다. 비누 공장 사장님은 '물에 뜨는 비누'가 뭔지 몰랐습니다. 무조건 "네. 알겠습니다!" 대답을 하고 직원들을 불렀습니다. 아무도 물에 뜨는 비누가 무엇인지 알지 못했습니다. 한 직원이 물에 뜨는 비누라며 가지고 왔습니다. 포장은 이 공장에서 만드는 하얀 세숫비누가 틀림없었습니다. 정말 물에 뜨는지 물에 담가 봤지요. 물에 둥둥 뜨는 비누를 모두들 놀란 눈으로 바라보았습니다.

공장 전체에 이 소문이 퍼졌습니다. 팀벌 아저씨의 귀에도 그 소문이 들려왔습니다. 공장 연구원이 아저씨를 불렀습니다. 아저씨 가슴이 콩닥콩닥 뛰었습니다. 아저씨는 거짓말을 할 수가 없었습니다.

"저, 사실은 제가 실수로 스위치를 끄지 못했습니다. 죄송합니다.

그동안 감사했습니다. 당장이라도 관두라면 관두겠습니다."

 팀벌 아저씨의 말을 들은 연구원은 곧장 실험을 시작했습니다. 비누 원액을 젓는 시간을 조금씩 늘려보았지요. 그리고 드디어 물에 뜨는 비누가 만들어지는 시간을 찾아냈습니다.

 그리하여 팀벌 아저씨는 오히려 특별 보너스를 받게 되었습니다. 물에 뜨는 비누 덕분에 주문량도 늘어났습니다.

 팀벌 아저씨는 작은 실수를 통해서도 기적을 이루시는 하나님께 감사했습니다.

🪑 생각의 자

사람은 실수도 할 수 있고, 안 좋은 일들도 겪게 된답니다. 그때마다 낙담하고 불평한다면 일이 잘 풀릴까요? 팀벌 아저씨처럼 어떤 상황에서도 "땡큐!"하고 외쳐 보세요. 그러면 놀라운 기적이 일어날 거예요.

세 줄의 바이올린

이작 펄만은 세계적으로 유명한 바이올린 연주자입니다. 어느 날 뉴욕에서 음악회를 열게 되었습니다. 말로만 듣던 펄만의 연주를 듣기 위해 많은 사람들이 숨을 죽이며 앉아 있었습니다. 그런데 어디선가 또각또각 목발 짚는 소리가 들렸습니다. 사람들이 소리 나는 쪽을 향해 일제히 고개를 돌렸습니다. 펄만이 지체장애인이라는 사실을 깜빡했던 것입니다.

펄만은 힘겹게 무대에 올랐습니다. 펄만이 의자에 앉자 박수 소리가 크게 울려 퍼졌습니다. 드디어 감미로운 연주가 시작되었습니다.

그런데 그 순간 총이라도 쏜 듯 큰 소리가 울려 퍼졌습니다. 바이올린 줄 하나가 끊어진 것입니다.

지휘자는 지휘를 멈추고 줄을 교체하기를 기다렸습니다. 그러나 뜻밖에도 펄만은 지휘자에게 연주를 계속 하겠다는 신호를 보냈습니다. 다시금 바이올린 연주 소리가 울려 퍼졌습니다. 펄만은 세 줄만으로 계속 연주를 했지요.

펄만은 순간순간 악보를 보며 음정을 바꾸었습니다. 세 줄만으로도 연주가 가능하도록 편곡을 한 것입니다.

연주가 끝나자 청중들은 너무 감동한 나머지 박수 치는 것마저 잊었습니다. 잠시 침묵이 흐르더니 일제히 일어나 박수를 치기 시작했습니다.

펄만이 말했습니다.

"저는 소아마비를 앓아서 다리를 쓸 수 없습니다. 그러나 목발을 짚고라도 걸을 수 있어 감사합니다. 바이올린 줄이 하나 끊어졌으나 세 개나 남아 있어서 감사했습니다. 남은 것으로도 무엇인가를 할 수 있게 하신 하나님께 감사합니다."

생각의 자

내가 남들보다 부족한 점이 있다고 절망하지 않았나요? 그것을 극복하려는 노력을 해 보세요. 주어진 상황에 감사하고 나에게 남은 것들을 소중히 하는 마음을 가져 보세요.

오프라 윈프리의 일기

오프라 윈프리에 대해 들어본 적이 있나요? 중년의 흑인 아줌마인데, 미국에서는 물론 세계적으로 유명한 인물이지요. 영화 '샬롯의 거미줄'에서 거위 거시 목소리를 맡기도 했어요. 오프라 윈프리는 배우, 방송인, 모델, 성우 등 여러 가지 일을 하고 있고, 책도 썼답니다. 특히 '오프라 윈프리 쇼'라는 토크 쇼를 통해 더욱 더 이름이 알려졌지요.

오프라 윈프리는 가난한 집에서 태어나, 할머니의 손에 키워졌습니다. 자라나면서 여러 가지 힘든 일들을 많이 겪었어요. 그녀는 흑

인인데다가 얼굴도 그리 예쁘지 않았어요. 더군다나 몸까지 뚱뚱해서 몸무게가 100킬로그램이 넘은 적도 있었지요. 그런데 끊임없는 노력 끝에 아카데미 여우조연상과, 방송 부문에서 최고의 상인 에미상을 받았고, 세계적인 부자가 되었답니다. 무엇보다 자신감 있게 살아가면서 하나님과 사람들에게 감사하는 법을 배우게 되었어요. 도대체 오프라에게 어떤 일이 있었던 것일까요?

그것은 바로 하나님의 말씀인 성경을 만났기 때문이에요. 집안 사정으로 아버지와 함께 살지 못했던 오프라가 다행히 나중에 아버지와 함께 살게 되었지요. 오프라의 아버지는 딸에게 성경을 읽고 외우도록 훈련시켰어요. 성경 외에 다른 책들도 많이 읽게 했지요. 그러나 그 어떤 책보다 성경은 오프라의 생각은 물론 삶을 완전히 바꾸어 놓았답니다.

오프라는 19살 때 뉴스 앵커가 되었습니다. 여성이 뉴스 앵커가 된다는 것도 놀라운데 흑인이라는 사실에 모두들 놀랐습니다. 그러나 오프라가 걸어온 길이 항상 승리로만 가득한 것은 아니었습니다. 한때는 앵커 자리에서 밀려나 아침 방송을 맡게 되었지요. 그러나 오프라는 실망하지 않았어요. 첫 아침 방송을 마친 그녀는 이렇게 말

했답니다.

"아침 방송을 맡게 되어 하나님께 감사합니다. 하나님께서는 제게 무엇이 적합한지 가장 잘 아십니다. 저는 비로소 제가 원하는 일을 찾은 것 같습니다."

오프라는 어떤 순간에도 감사하는 마음을 잃지 않았습니다. 그녀가 그런 마음을 지킬 수 있었던 것은 매일매일 쓰는 '감사 일기' 덕분이었지요. 그녀의 감사 일기를 살짝 엿볼까요?

1. 잠을 잘 자고 일어나서 감사합니다.
2. 맑고 파란 하늘을 보니 감사합니다.
3. 맛있는 스파게티를 점심으로 먹어서 감사합니다.
4. 미운 짓을 한 친구에게 화내지 않고 참을 수 있어서 감사합니다.
5. 읽었던 책이 너무 좋았습니다. 이 책을 쓴 작가에게 감사합니다.

여러분도 쉽게 감사 일기를 쓸 수 있겠지요? 감사란 우리의 삶 구석구석에 숨어 있답니다. 너무 작아서 관심을 기울이지 않으면 눈에 잘 띄지 않는 경우도 있지요. 그렇지만 감사 일기를 쓰다 보면 작은 감사거리들이 잘 보일 거예요. 그것을 찾는 기쁨에 하루하루가 행복해질 것입니다.

생각의 자

"자신이 가지고 있는 것과 감사한 일에 초점을 맞추면 더 많은 것들이 보일 것입니다."

— 오프라 윈프리

갈매기의 은혜

에디 레켄벡커는 미국의 유명한 사업가입니다. 모험을 좋아하던 에디는 경주용 자동차 선수 생활을 하다가 제2차 세계대전 때에는 공군 조종사로 활동했습니다. 공군에서 에디는 '에이스'로 불렸습니다. '조정술이 뛰어난 하늘의 용사'라는 뜻이지요.

격추왕이기도 한 에디는 이따금 주요 정보를 전달하는 임무를 맡았습니다. 어느 날 에디는 맥아더 장군에게 전달할 비밀 메시지를 가지고 동료대원들과 함께 태평양 상공을 날고 있었습니다.

그런데 비행기가 고도를 높이자 갑자기 비행기 계기판이 심하게 흔들리다가 멈추었습니다. 다행히 비행기에 타고 있던 사람들은 무사히 탈출했고, 구명보트에 올라 구조되기를 기다렸지요. 그러나 에디는 사람이 여럿이라 비상식량이 금세 동이 날 것이라는 것을 알아차렸습니다. 그래서 타고난 지도력을 발휘하여 최대한 식량을 아끼면서 오래 버틸 수 있도록 매일매일 먹을 양을 정했습니다. 그리고 쓸데없이 체력을 낭비하지 않도록 주의를 주었습니다.

에디는 해가 지고 뜨는 것을 기준으로 며칠이 지났는지 표시를 했습니다. 그러나 보이는 것이라고는 물밖에 없는 바다 한가운데서 낮에는 뜨거운 태양을, 밤에는 추위를 견디는 것이 쉽지가 않았습니다. 기다리던 구조대가 나타나지 않자 사람들은 모두 초조해졌습니다.

에디는 그들을 바라보면서 식량이 떨어져 가는 것보다 희망을 잃어가는 것이 더 심각하다고 생각했지요. 그래서 기도를 했습니다. 처음엔 혼자만 기도를 하다가 규칙을 정했습니다. 매일매일 시간을 정해 기도하고, 기도하지 않은 사람은 굶기로 했습니다. 아무도 반대하지 않았습니다. 이따금 그가 들려주는 성경 이야기를 들으며 사람들은 희망을 잃지 않았습니다.

그리고 매일 한 사람씩 예수님을 믿게 되었습니다. 이젠 에디가 굳이 나서지 않아도 모두들 자진해서 함께 기도하고 찬송도 불렀습니다.

사흘째 되던 날 부상을 입은 동료 하나가 상처가 덧나고 고열에 시달리기 시작했습니다. 비상약을 써 보았지만 소용없었지요. 일주일이 지나자 에디도 지치고 말았습니다. 탈진한 상태에서 보트에 엎드려 있던 에디의 귀에 한 음성이 들렸습니다.

"에디! 일어나거라!"

놀란 에디는 눈을 번쩍 떴습니다. 갈매기 몇 마리가 보트 주위를 맴돌다가 동료의 어깨에 내려앉았습니다. 순간 에디는 갈매기를 낚아챘습니다. 일주일 동안 살아 있는 것이라고는 서로의 얼굴밖에 보지 못하다가 갈매기를 보자 새 힘이 불끈 솟았습니다. 에디는 가슴이 아프기는 했지만 과감하게 갈매기를 잡았습니다. 살은 날로 먹고 내장은 미끼로 삼아 낚시를 했습니다. 이따금 내리는 빗물을 받아 식수로 사용했습니다. 이렇게 빗물과 갈매기와 물고기만 먹으면서 다시 두 주를 보냈습니다. 그 사이 부상을 당한 동료는 결국 세상을 떠나고 말았습니다.

한편 육지에서는 미국 공군들이 이들을 찾기 위해 최선을 다했지만 몇 주가 흘러도 발견되지 않자 수색 작업을 포기하기로 결정했습니다. 그리고 신문에는 이들이 모두 죽었다고 보도했습니다.

그러나 에디의 아내는 끝까지 포기하지 않았습니다. 그녀는 기도할 때마다 남편이 살아 있을 것이라는 확신이 들었습니다. 에디의 아내는 직접 공군대령을 찾아가 딱 한 주만 더 수색해 달라고 했습니다. 대령은 날씨까지 추워져서 살아 있을 가망성이 거의 없다며 거절했습니다. 그러나 에디의 아내가 간절히 부탁하자 한 주만 더 찾아보겠다고 약속했습니다.

드디어 1942년 11월, 이들은 무사히 구조되었습니다. 이들이 살아 있다는 소식을 전해들은 미국 사람들은 모두 환성을 질렀습니다. 구조된 에디는 비밀 정보를 무사히 맥아더 장군에게 전달했습니다.

전쟁이 끝나고 에디는 자신의 사업을 계속 했습니다. 에디의 사업은 날로 번창하여 미국에서 모르는 사람이 없을 정도였습니다. 어느덧 에디의 나이 칠십 세가 되고, 그는 사업에서 손을 떼고 바닷가 별장에서 글을 쓰며 한가로운 생활을 즐겼습니다.

그런데 그가 매주 토요일이 되면 꼭 하는 일이 있었습니다. 백발이

된 에디는 양손에 통을 들고 부둣가로 갑니다. 그 통 속에는 싱싱한 새우들이 한가득 담겨 있었는데, 에디는 그 새우들을 부둣가에 있는 갈매기들에게 나누어 주었습니다. 사람들은 왜 아까운 새우를 갈매기들에게 먹일까 궁금해 했습니다. 그런데 그 궁금증은 그의 자서전을 통해 금세 풀렸지요. 자서전에는 '갈매기들에게 감사를' 이라는 글이 실려 있었습니다.

> 에디가 비행기 추락 사고를 당했을 때 동료들과 함께 먹으며 생명을 연장할 수 있었던 것이 바로 갈매기 고기였습니다. 에디는 그 갈매기를 하나님이 보내 주신 거라고 믿었지요. 조난을 당해 떠돌던 망망대해에서 갈매기를 만나기란 쉽지 않았거든요.

그래서 에디에겐 갈매기가 생명의 은인이 된 것입니다. 하나님이 보내 주신 갈매기들에게 조금이나마 감사의 마음을 전하고 싶어 새우를 먹이로 주기 시작한 것이었지요. 에디는 여든세 살의 나이로 이 세상을 떠날 때까지 갈매기들에게 먹이 주는 일을 거르지 않았다고 합니다.

생각의 자

여러분은 동물 친구들의 도움을 받은 적이 있었나요? 동물 친구들이 마음의 위로가 되고 친구처럼 여겨질 때는 없었나요? 만약 그런 경험이 있다면 동물 친구들에게 "고마워!" 하고 말해 보세요.

구두 수선공 윌리엄 캐리

세계적인 선교사 윌리엄 캐리(1761-1834)는 원래 구두 수선공이었습니다. 윌리엄 캐리는 구두 수선 일을 하면서 짬을 내어 라틴어와 헬라어를 포함하여 5개 국어를 혼자서 공부했습니다.

그러던 어느 날 윌리엄 캐리는 선교사가 되어야겠다는 결심을 하게 되었어요. 그때 그의 나이가 19살이었습니다. 그는 인도 선교의 꿈을 가지고 헬라어, 히브리어, 라틴어 등을 공부한 후 영국 침례교로부터 파송을 받아 인도로 갔습니다. 그는 인도어를 공부하여 영인사전을 편찬하고 인도어로 성경을 번역한 후 출판하기 위해 영국에

서 인쇄기를 도입하고 기술자들을 불러 조판을 완성했습니다.

그런데 캐리가 전도 여행을 하는 동안 불이 났습니다. 인쇄기는 물론 그동안 번역한 성경 원고가 불에 타 한줌의 재로 사라져버렸습니다. 이렇게 절망적인 상황에서 캐리는 낙담하지 않았습니다.

"이것은 모두 하나님의 뜻일 거야."

캐리는 자신이 번역한 성경이 아직 부족한 점이 많아서 처음부터 다시 하라는 하나님의 뜻으로 생각했습니다. 그리고 자신에게 믿음과 용기와 인내를 달라고 기도했습니다. 그러자 캐리의 마음속에 감사함이 넘치면서 다시금 일을 시작할 의욕이 생겨났습니다.

캐리와 더불어 3명의 번역 팀은 다시 일을 시작했고, 1801년 드디어 *인도 벵골어 성경이 선을 보였습니다. 그 후 *24개의 인도어로 된 성경이 탄생했습니다.

생각의자

만약 컴퓨터로 열심히 숙제를 다 해놓았는데 갑자기 파일이 바이러스에 걸려 사라져 버렸다면 어떤 기분이 들까요? 그런 일을 겪었을 때 나는 윌리엄 캐리 선교사님처럼 하나님께 감사드리며 처음부터 다시 시작할 수 있을까요?

✽ 현재 벵골어는 인도 공화국 벵골 주와 방글라데시의 공용어입니다.
✽ 인도의 언어 종류는 600개가 넘습니다. 그 가운데 180여 종의 언어가 사용되고 있으며, 인도 정부가 헌법으로 인정한 공용어는 영어를 제외하고 15종입니다.

바울의 가시 감사

바울은 원래 이름이 사울이었습니다. 예수 믿는 사람들을 못 살게 굴던 사람이었지요. 그러나 *다메섹으로 가는 길에 예수님을 만난 후 완전히 다른 사람으로 바뀌었답니다. 예수 믿는 사람들을 죽이던 사람이 그들과 어울려 예수님의 꽃이 된 것이지요.

바울은 자기 민족뿐만 아니라 다른 민족에게도 열심히 전도했습니다.

바울은 바리새인으로서 지식이 풍부한 사람이었습니다. 신약성경 27권 가운데 거의 반을 사도 바울이 썼지요. 그런데 사도 바울에게

* 시리아의 수도 다마스쿠스

는 많은 고통이 있었습니다. 성경을 보면 잘 알 수 있어요.

"감옥살이도 더 많이 하고, 매도 더 많이 맞고, 여러 번 죽을 뻔하였습니다. 유대 사람들에게서 마흔에서 하나를 뺀 매를 맞은 것이 다섯 번이요, 채찍으로 맞은 것이 세 번이요, 돌로 맞은 것이 한 번이요, 파선을 당한 것이 세 번이요, 밤낮 꼬박 하루를 망망한 바다를 떠다녔습니다. 자주 여행하는 동안에는, 강물의 위험과 강도의 위험과 동족의 위험과 이방 사람의 위험과 도시의 위험과 광야의 위험과 바다의 위험과 거짓 형제자매의 위험을 당하였습니다. 수고와 고역에 시달리고, 여러 번 밤을 지새우고, 주리고, 목마르고, 여러 번 굶고, 추위에 떨고, 헐벗었습니다" (고린도후서 11장 23-27절).

이렇게 수없이 고통을 당했던 바울에게는 오랫동안 앓아 온 질병이 있었어요. 바울은 그 질병을 '가시'라고 표현했습니다. 그래서 그 질병을 낫게 해달라고 여러 번 하나님께 기도했지요. 과연 어떻게 되었을까요? 하나님께서 사도 바울의 질병을 고쳐 주셨을까요? 하나님을 위해 그렇게 열심히 일한 사람인데 당연히 고쳐 주시지 않았을까요? 그런데 아닙니다. 하나님께서는 사도 바울의 부탁을 들어주지 않으셨어요. 사도 바울은 얼마나 섭섭했을까요? 그런데 사도 바울의 반응은 우리의 생각과는 너무나 달랐어요. 오히려 하나님께

감사를 드렸습니다.

하나님이 내 기도를 들어주셨을 때에는 "감사합니다!"라는 말이 저절로 나오지만, 그 반대일 때엔 진정으로 감사드리기가 힘들지요. 오히려 원망과 불평이 쏟아질 거예요. 하지만 사도 바울은 이렇게 고백하면서 감사의 마음을 가졌어요.

"나는 그리스도를 위하여 병약함과 모욕과 궁핍과 박해와 곤란을 겪는 것을 기뻐합니다. 그것은 내가 약할 그 때에, 오히려 내가 강하기 때문입니다"(고린도후서 12장 10절).

그리고 우리에게 이런 당부의 말도 했답니다.

"모든 일에 감사하십시오. 이것이 그리스도 예수 안에서 여러분에게 바라시는 하나님의 뜻입니다"(데살로니가전서 5장 18절).

생각의자

하나님이 기도를 들어주시지 않는다고 불평한 적이 있나요? 언젠가 하나님의 방법대로 그 기도를 들어주실 날이 올 거예요. 오히려 나의 기도를 들어주지 않으신 것이 나에게 더 좋을 수도 있답니다. 바울처럼 나의 약함도 크게 쓰시는 하나님이시기 때문이에요.

부끄러운 낡은 구두

미국의 유명한 대학에서 강의를 하던 크루치 교수님이 방송국으로부터 전화를 받았습니다.

"교수님, 저희 방송사 창립기념 특별 프로그램에 교수님을 초대하고 싶습니다."

원래 크루치 교수님은 가르치는 일 빼고는 사람들 앞에 서는 것을 썩 좋아하지 않으셨지요. 그래서 정중히 거절을 했습니다. 그랬더니 전화를 걸었던 사람이 다급하게 말했습니다.

"교수님! 저 기억하세요? 교수님 강의를 들었던 존 밀러에요."

"오, 존? 큰 안경을 쓰고 늘 맨 앞에 앉아 강의를 들었던 그 존 밀러?"

"네, 맞아요. 학기를 마치고 교수님께 구두를 선물했었지요?"

오랜만에 제자와 통화하게 된 크루치 교수님의 마음이 한결 들떴습니다.

"그래, 기억하지. 어찌 자네를 잊을 수 있겠나. 나 아직도 그 구두를 갖고 있네. 허허허."

옛날 기억을 더듬으며 이야기꽃을 피우던 크루치 교수님은 방송 출연을 부탁하는 제자에게 미안해 하며 말했습니다.

"자네도 알다시피 난 방송에 나가 할 말이 없다네. 미안하지만 다른 사람을 알아보는 것이 어떻겠나?"

"안 됩니다. 저희에게 들려주셨던 신발 이야기를 많은 사람들이 들었으면 좋겠어요. 방송국으로 나오시기 힘드시면 저희가 댁으로 직접 가서 촬영을 할 수도 있습니다."

결국 크루치 교수님은 촬영을 허락하고 말았습니다. 이른 아침부터 교수님 댁은 방송국 사람들로 북적였습니다. 좁은 거실에 여러 가지 소품들이 놓이고 조명이 여기저기에 설치되었습니다. 이웃집에서는 무슨 일인가 기웃거리고, 방송국 차를 본 아이들이 모여들기도 했습니다.

 분장사들이 크루치 교수님의 주름진 얼굴에 화장을 하고 눈썹도 더 진하게 그렸습니다. 교수님은 이 모든 것이 낯설고 거북했지만 제자와의 약속 때문에 꾹 참았습니다.

 "교수님, 힘드시죠? 조명등이 켜지면 더우실 거예요. 땀이 날 때마다 분장사들이 닦아드릴 테니 너무 걱정 마세요."

 교수님은 제자의 큐 사인에 맞춰 자신의 이야기를 조용히 하기 시작했습니다.

 "일찍 아버지를 여읜 저는 외할머니와 어머니랑 살게 되었지요. 저는 운동을 별로 좋아하지 않았어요. 그래서 늘 도서관에 틀어박혀 책을 읽었답니다. 사람들은 저보고 책벌레라고 놀리면서도 부러워했는데 사실 전 책벌레가 아니었습니다. 저는 제 낡은 옷과 낡은 신발이 부끄러워서 가능한 한 사람들의 시선을 받지 않는 곳을 찾아다녔던 것이지요. 저도 친구들이랑 공을 차고 싶었어요. 그러나 벼룩시장에서 사온 신발이 너무 컸고 공이라도 차면 신발이 찢어질 것 같아 겁이 났지요. 도서관에서는 아무도 내 신발을 쳐다보지 않았어요. 모두들 책만 보고 있었거든요. 저는 도서관에 있으면 마음이 편해졌어요. 그러다 보니 책을 많이 읽게 되었고, 이렇게 책을 친구 삼는 직업을 갖게 되었지요.

아직도 기억에 남는 이야기를 하나 해 드릴게요. 졸업 파티를 하루 앞두었을 때였지요. 친구들은 파트너를 구하느라 정신없었지만 전 제 낡은 구두가 걱정이었습니다. 갑자기 모든 일에 짜증이 났습니다. 지친 얼굴로 일터에서 돌아오신 어머니 얼굴도, 돋보기를 끼시고 양말을 꿰매시는 외할머니도, 그리고 언제나 낡은 신발만 신어야 하는 제 신세도 싫었어요.

그래서 '그까짓 졸업파티! 안 가면 돼지' 하는 마음으로 집을 나섰습니다.

그런데 골목길에서 한 소년을 만났어요. 그 애는 뭉뚝한 무릎에 고무를 대고 바닥을 기어 움직이고 있었어요. 두 발이 없었던 것이죠. 그 모습을 본 순간 저는 더 이상 저 자신을 불평할 수 없었어요. 그 후 저는 제 신발 때문에 부끄러워한 적이 한번도 없답니다."

그날 촬영은 무사히 끝났고, 일주일 뒤 교수님의 이야기는 텔레비전을 통해 많은 사람들에게 감동을 주었답니다.

생각의 자

나 자신이 부끄러웠던 적이 있었나요? 왜 부끄러웠는지 그 이유를 떠올려 보세요. 그리고 그 이유가 오히려 감사의 이유가 되지는 않는지 생각해 보세요.

실패를 이겨낸 힘

소년이 8살이 되던 해 소년의 가족은 살던 집에서 쫓겨났습니다. 소년은 어렸지만 생계를 잇기 위해 일자리를 찾아야 했습니다. 소년이 9살이 되던 해에 어머니마저 돌아가셨습니다.

소년은 어느 상점 점원으로 일하게 되었습니다. 그러나 20세가 되었을 때 일자리를 잃었습니다.

소년의 꿈은 법대에 가서 법을 공부하는 것이었습니다. 그러나 어릴 때부터 학교를 제대로 다니지 못했기 때문에 법대에 갈 수가 없었습니다.

나이가 23살이 되었을 때에 동업자를 만나 작은 가게를 차렸습니다. 그러나 3년도 채 못 되어 동업자가 죽고, 수년 동안 갚아도 못 갚을 큰 빚만 지게 되었습니다.

사랑하는 여자를 만나 4년 동안 데이트를 했고, 청혼을 했습니다. 그러나 거절당했습니다.

의원으로 출마했지만 세 번 떨어지고 37세가 되었을 때 비로소 의원으로 선출되었습니다. 그러나 그 다음 선거에서 다시 떨어졌습니다. 게다가 4살 난 아들마저 하늘나라로 갔습니다.

45세 때 상원의원에 출마했으나 낙선했습니다. 그럼에도 불구하고 정치를 계속 했고, 46세에 부통령에 출마했으나 또 낙선했습니다.

그러나 51세에 그는 드디어 미국 대통령이 되었습니다.

이 사람은 누구일까요? 그는 바로 에이브러햄 링컨입니다.

링컨 대통령은 평생 많은 실패와 어려움을 겪으면서도 언제나 감사하는 사람이었습니다.

대통령이 된 후 링컨은 어느 파티 자리에서 이렇게 말했습니다.

"저는 오늘 두 분의 여성께 감사를 드리지 않을 수 없습니다. 한 분은 어릴 때부터 제게 성경을 읽어 주시고 제가 책을 읽을 수 있도록 가르쳐 주신 어머님이십니다.

또 한 분은 바로 스토우 부인이십니다. 제가 어렸을 때 신문에 실린 스토우 여사님의 '톰 아저씨의 오두막'을 읽으면서 대통령이 되겠다고 결심했지요. 그래서 노예 생활을 하는 모든 흑인에게 자유를 주고 싶었습니다."

링컨은 늘 하나님께 감사했고, 절망적인 상황에서도 감사를 잃지 않았습니다. 그리고 자신에게 큰 영향을 끼친 분들에 대한 고마움도 항상 마음속에 간직했습니다.

그래서 실패를 딛고 굳건히 일어설 수 있었던 것이지요. 링컨 대통령은 국민 모두가 자신처럼 하나님께 감사하고 마음에 감사를 새기길 원했습니다. 그래서 추수감사절을 국경일로 정하기도 했답니다.

생각의 자

내가 링컨 대통령처럼 수많은 실패를 경험했다면 어떤 반응을 보였을까요? 불평 대신 감사하는 마음을 가질 수 있었을까요? 나를 아껴주고, 지금의 나를 있게 한 고마운 분들을 생각하면 더 열심히 생활해야 되겠지요. 그분들을 떠올리며 감사 기도를 드리세요.

무슨 일이든 감사하는 마음을 가지세요.
감사 나무에 풍성한 열매들이 맺힐 거예요.
그 열매들을 소중한 사람들과 나누세요.

감자 열매

감사를 나누세요

한국에서 30년 넘게 선교 활동을 하고 있는 외국 선교사님이 있습니다. 그분은 결혼하자마자 사랑하는 아내와 함께 한국에 와서 6·25 전쟁으로 인해 부모를 잃은 아이들을 돌보며 하나님의 말씀을 전했습니다.

어느 날 은퇴를 앞두게 된 선교사님은 한국에서의 마지막 추수감사절을 맞이하게 되었지요. 매년 추수감사절이 되면 칠면조 요리와 호박파이 외에 한국식으로 송편과 식혜를 넉넉하게 준비하셨습니다. 그리고 친구와 이웃들을 초대하여 함께 감사 시간을 갖곤 했지요.

나이가 들어 머리는 은빛이고 이마와 손에 주름도 많이 생겼지만, 선교사님의 어린아이 같은 해맑은 얼굴과 말투 때문에 모두들 기분이 좋아지곤 합니다.

"나는 추수감사절을 일 년에 두 번 지냅니다. 추석과 추수감사절이지요."

"그럼, 선교사님, 이제 한국에서의 마지막 추수감사절이네요? 이 자리가 가장 기억에 남는 날이 되었으면 좋겠어요."

"네, 물론이죠. 그런데 저에게는 잊지 못할 추수감사절이 있답니다. 벌써 30년 전의 일이네요. 우리 가족들만 아는 추수감사절 이야기를 해 드릴까요?

30년 전의 일이었습니다. 제가 한국에 오기 직전이었지요. 저에겐 누나 세 분과 형 둘 그리고 남동생 하나가 있었습니다. 저랑 남동생만 빼고는 모두 여기저기 흩어져 살고 있었어요. 그래서 성탄절과 추수감사절이 되어도 한 자리에 모이기가 힘들었습니다.

그러나 그 해 추수감사절만은 달랐습니다. 모두 오겠다고 약속했지요. 오랫동안 편찮으시던 아버지와 함께하는 마지막 추수감사절 만찬이 될 것 같았기 때문입니다. 어머니는 추수감사절 저녁 만찬을 준비하느라 분주했습니다. 스무 명 정도의 음식을 장만해야 했거든요. 식탁이 좁아 창고에서 안 쓰는 탁자까지 꺼내야 할 정도였어요. 그 위에 어머니께서 손수 만드신 식탁보를 깔았지요.

아버지께서 맨 윗자리에 앉으시고 가족 모두가 식탁에 둘러앉았습니다. 모두들 오랜만에 만난 터라 서로의 이야기들을 나누느라 시끌벅적했습니다. 즐거운 식사 시간이었지만 그래도 조금 신경이 쓰이는 것이 있긴 했습니다. 왜냐하면 그날 나누는 모든 이야기들을 남기기 위해 녹음을 하는 중이었거든요. 아버지와 함께하는 마지막

순간이 될지 몰랐으니까요. 그 사실을 까맣게 잊고 웃고 떠들다가도 문득 '아, 녹음을 하고 있지.' 하는 생각이 들면 슬그머니 눈물이 나며 서글픈 마음이 들었습니다.

그때 제 눈과 아버지의 눈이 딱 마주쳤습니다. 아버지는 눈을 찡긋하며 윙크를 하셨습니다. 그때의 표정이 얼마나 밝으셨던지 지금도 기억이 생생합니다. 그런데 우리 형제들이 미리 준비한 것이 있었어요. 다들 어른이 되었지만 아버지와 어머니 앞에서 어린 시절로 돌아가 재롱을 부리기로 한 것이지요. 큰 덩치에 아이들 몸짓과 말투를 흉내 내는 것이 쉽지 않았습니다. 그 모양을 보고 아이들이 배를 잡고 웃었어요. 아버지도 정말 즐거워하셨지요. 저녁 내내 웃음소리가 그치질 않았어요.

그후 얼마 지나지 않아 아버지는 하나님 품으로 가시고, 그날 녹음한 테이프는 복사해서 가족들 모두가 나누어 가졌습니다. 그리고 각자 테이프를 들으며 아버지의 말씀을 기억했습니다. 그때 하신 아버지의 말씀은 무척이나 인상적이었어요.

'너희가 정말 감사를 느낄 때마다 그것을 나눌 사람을 찾아보거라. 나눌 사람이 가까이 있을 때도 있지만 아주 멀리 있을 때도 있단다. 하나님께서 원하시면 아무리 먼 곳이라도 찾아가거라. 그것이 하나님을 향한 가장 큰 감사의 표현이란다.'

아버지의 말씀이 제겐 천둥소리와도 같았습니다. 그래서 저는 선교사가 되기로 결심했고, 기도 중에 한국의 어린이들이 나를 필요로 한다는 것을 깨닫게 되었습니다. 그래서 한국으로 오게 되었고, 지금까지 이 땅에서 30년이라는 세월을 보내게 된 것이지요. 지금은 테이프가 늘어져서 더 이상 아버지의 구수한 음성을 제대로 들을 수는 없지만 '감사는 나누는 것'이라는 아버지의 가르침은 잊을 수가 없답니다."

생각의자

감사한 일들이 생길 때 그것을 혼자만 간직하지 마세요. 누군가와 그 마음을 나누세요. 그리고 나처럼 다른 친구들에게도 감사할 일들이 생기려면 어떻게 해야 할지 생각해 보세요.

하늘나라로 간 테드

테드는 백혈병을 앓고 있었습니다. 3년 넘게 병원에 입원해서 치료를 받았지만 상태가 좋아질 기미가 보이질 않았어요. 가족들과 주위 사람들은 마음의 준비를 하고 있었습니다. 그래도 테드의 어머니와 아버지는 테드 앞에서 늘 밝은 표정을 지으려고 애썼지요. 테드가 마음 아파할 것 같아서입니다. 6살 난 테드의 동생은 형이 곧 세상을 떠날 거라는 사실을 전혀 모른 채 형에게 빨리 나아서 같이 물놀이를 가자고 조르곤 했습니다.

어느 날 테드가 곤히 잠든 모습을 지켜본 어머니는 갑자기 병원 화장실로 뛰어갔습니다. 그동안 참았던 눈물이 왈칵 쏟아지려고 했기 때문이지요. 그때 한 청소부 아주머니가 테드 어머니의 울음소리를 듣고는 곁에 와서 위로해 주었습니다.

"마음이 많이 아프시죠. 슬플 때는 실컷 우세요." 하며 어깨를 다독여 주었어요. 한참을 울고 난 테드 어머니의 눈은 통통 부어 있었습니다. 청소부 아주머니는 따뜻한 커피 한 잔을 건네며 말했습니다.

"제가 중환자실에서 청소하게 된 이야기를 한 적이 있었나요?"

아주머니는 입가에 잔잔한 미소를 띠며 차분한 목소리로 이야기를 꺼냈어요.

"7년 전 제 딸도 이 병실에 있었답니다. 그 애도 소아암을 앓고 있었는데 1년을 못 넘기고 하늘나라로 갔지요. 그때 제 딸아이가 늘 기다리던 분이 있었답니다. 병원 빨래를 하시던 분인데 침대 시트를 새로 갈러 오실 때마다 병실 벽에 예쁜 그림을 붙여 주셨어요. 그분 아들이 미술 치료사였는데 아이들이 그린 그림을 하나씩 골라 보내 주었던 것이죠. 그분 덕분에 딸아이는 그림들을 바라보며 마지막 순간까지 웃음을 잃지 않고 감사하는 마음으로 눈을 감았답니다. 딸아이가 죽고 나서 저는 한동안 아무 생각도 할 수 없었어요. 살아갈 의

욕이 전혀 없었던 거죠. 그런데 아이 물건을 하나둘 정리하다가 문득 그 그림들을 보게 되었어요. 어떤 그림에는 딸아이의 마음을 위로하는 짧은 글도 적혀 있었어요. 그 순간 저는 사랑하는 딸을 대신해서 무슨 일을 해야 할지 떠올랐습니다. 제 딸아이와 같은 병을 앓는 아이들을 위해 봉사하자, 병원에서 일하면서 아이들에게 희망과 웃음을 주자고 마음먹은 것이지요. 그래서 이 병원 청소부로 자원했답니다. 저는 병실에 들어갈 때마다 아이들 손을 한 번씩 잡아 주고 병실을 나설 때마다 마음속으로 축복 기도를 해요. 그러면 제 마음이 홀가분해지고

기쁨으로 가득 차지요."

드디어 테드는 퇴원해서 집으로 옮겨졌습니다. 테드가 조금이라도 동생 데이빗과 함께 있기를 원했거든요.

테드가 동생에게 물었습니다.

"데이빗! 나랑 제일 하고 싶은 게 뭐니?"

"수영!"

그러나 테드는 수영을 할 수 없었습니다. 그 말을 가만히 듣고 있던 테드 아버지는 마당에 수영장이 있는 친구에게 부탁하여 온 가족이 하루 동안 그 집에 머물기로 했습니다. 테드는 수영장 그늘에 누워 있었고, 데이빗과 엄마, 아빠가 함께 수영을 했습니다. 아빠 친구가 그 모습을 사진에 담아 주었지요.

그후 얼마 되지 않아 테드는 하나님 품으로 갔습니다.

그러나 테드의 가족들은 슬픔에만 빠져 있지 않았습니다. 하나님을 원망하지도 않았습니다. 테드가 이제는 더 이상 아프지 않을 것이라는 사실에 감사했습니다. 그리고 테드와 같은 아픈 아이들을 위해 일하며 감사하리라 다짐했습니다.

생각의자

여러분은 장미의 가시를 보고 무슨 생각을 하나요? 날카로운 가시가 있냐고 불평하기보다 가시가 있음에도 예쁘게 핀 장미를 보고 감사해 보세요. 마음도 얼굴도 장미처럼 예쁜 어린이가 될 거예요.

이스라엘 총리 골다 메이어

골다 메이어 여사(1898-1978)는 이스라엘의 훌륭한 여성 총리였습니다. 그녀는 우크라이나에서 태어나 미국에서 교육을 받은 후 세계적인 여성 지도자가 되었지요. 30세부터 정치 외교 활동을 시작하면서 이스라엘의 노동 장관, 외무 장관을 거친 후 12년 동안 총리직을 맡았습니다.

총리직에 있는 동안 그녀는 백혈병과 싸워야만 했습니다. 그러나 그녀는 병마와 싸우면서도 하나님을 향한 믿음으로 꿋꿋하게 모든 일들을 처리해 나갔습니다. 골다 메이어 여사가 세상을 떠난 후 출간

된 자서전에는 다음과 같은 글이 쓰여 있었습니다.

"내 얼굴이 못난 것이 다행이었다.

나는 못났기 때문에 기도했고 못났기 때문에 열심히 공부했다."

그리고 또 이렇게 말했습니다.

"나의 약함은 이 나라에 도움이 되었다. 우리의 실망은 하나님의 부르심이었다."

골다 메이어 여사는 자신의 단점 때문에 괴로워하지 않았습니다. 오히려 그것을 감사하게 여기고 장점으로 보는 긍정적인 마음을 가졌습니다.

우리 주위에는 그런 훌륭한 분들이 많이 있습니다. 장애를 딛고 아름다운 글을 쓰는 송명희 시인, 앞이 보이지 않아도 열심히 공부하여 세계적인 교육학자가 된 강영우 박사님 등은 자신의 약점과 고난을 감사함으로 받아들여서 오히려 수많은 사람들에게 본이 되고 감동을 주는 삶을 살고 있습니다.

생각의 자

나의 단점을 장점으로 바꾸는 노력을 해 본 적이 있나요? 자신의 약점이 오히려 자신을 강하게 만드는 요소가 되기도 한답니다.

100만 번 감사

여러분들은 "감사합니다"라는 말을 몇 번이나 해 보았나요?

정말 감사할 때 우리는 "감사합니다, 감사합니다…"라고 반복해서 말하지요. 그런데 100만 번 "감사합니다!"라고 말할 수 있을까요? 아니면, 감사하다는 말을 노트에 100만 번 쓰는 것은 또 어떨까요?

실제로 "하나님 감사합니다!"라는 말을 100만 번이나 쓴 사람이 있었다고 합니다.

그는 미국 텍사스에 있는 어느 사업가였습니다. 그에게 있어서 하나님은 자신의 인생에 빛을 준 분이셨지요. 방탕한 생활을 하다가 하나님을 만나서 열심히 일하고 사업에도 성공하게 된 그는 넘쳐나는 감사의 마음을 어떻게 표현해야 좋을지 몰랐어요. 그래서 무작정 하나님께 감사하다는 말을 노트에 빼곡히 적기 시작했지요. 그리고 이것을 책으로 만들어 오랫동안 간직하고 싶어 출판사를 찾아갔습니다. 출판사 사장은 유명한 사업가인 그의 얼굴을 알아보고 정중히 모셨습니다.

"어떤 원고인지 궁금하군요."

"하나님께 감사드리는 내용입니다."

"정말 좋은 주제입니다. 이런 책은 더 살펴볼 필요도 없이 꼭 출판해야지요."

그런데 며칠 후 출판사에서 연락이 왔습니다.

"죄송합니다. 편집부에서 원고를 살펴보았는데 뭔가 잘못된

것 같아서요. 혹시 원고가 바뀐 것은 아닌가요?

온통 'Thank you, Lord!(주님, 감사합니다!)'라는 말만 가득 차 있더군요."

"허허허, 맞습니다. 저는 그 말 외에는 하나님께 감사드릴 방법을 찾지 못했답니다. 책으로 안 나와도 괜찮습니다. 하나님께서 이미 제 마음을 읽으셨을 테니까요."

생각의자

오늘부터 일기장에 "하나님, 감사합니다!"라고 적어 보세요. 감사한 일들을 생각하며 그 숫자만큼 적어 보세요. 어느새 일기장에 100만 번의 "하나님, 감사합니다!"가 채워질 거예요.

행복한 청소부

독일의 한 청소부에 관한 이야기가 담겨 있는 〈행복한 청소부〉라는 책이 있습니다. 그 책에 나오는 주인공 청소부 아저씨는 매일 거리의 표지판을 닦는 일을 합니다. 매일매일 파란색 작업복과 파란색 고무장화에 파란색 자전거를 타고 독일의 유명한 거리의 표지판을 닦았지요. 그는 자신의 일을 사랑했고 다른 어떤 일과도 바꾸고 싶지 않을 만큼 자신의 일에 자부심을 느끼며 살았습니다.

그런데 어느 날 한 어머니와 아들이 하는 이야기를 듣다가 자기가 그동안 닦아 왔던 표지판의 이름들이 유명한 작가와 음악가 이름이

라는 것을 알게 되었지요. 그날 이후 표지판에 쓰인 인물들에 대해 공부하기 시작했습니다. 그리고 직접 연주회에도 가고, 노래 가사도 외웠습니다. 도서관에 가서 관련된 책도 열심히 읽었지요.

그후로는 표지판을 닦을 때마다 유명한 곡조들을 흥얼거리기도 하고, 유명한 시인들의 시를 외우기도 했습니다. 사람들이 점점 아저씨 주변에 모여들게 되었지요. 그런 청소부 아저씨는 처음 봤거든요. 아저씨는 점점 유명해졌습니다. 텔레비전에도 아저씨의 이야기가 소개되었고, 대학에서는 강연을 해 달라는 부탁도 했습니다. 그러나 아저씨는 자신이 하는 일을 계속하고 싶다며 거절했습니다.

아저씨의 얼굴엔 늘 행복한 미소가 번졌고, 하루하루 집을 나설 때마다 감사가 넘쳤습니다.

성공은 돈과 권력과 명예를 얻는 것만을 의미하지 않습니다. 자기가 하는 일에서 행복을 느끼고 감사하는 것이 성공입니다. 자신의 일에 감사하고 그 일을 기쁜 마음으로 하다 보면 새로운 아이디어가 떠오르고, 주위 사람들로부터 인정을 받게 되는 것이지요. 여러분들도 행복해 하면서 할 수 있는 일을 찾아보세요. 그 일을 하면서 항상 감사하다는 생각을 가지세요.

생각의 자

학교에서 어떤 일을 맡고 있나요? 크든 작든 모두 소중한 일이랍니다. 자신이 맡은 일을 묵묵히 잘해 내면 언젠가는 주위 친구들과 선생님으로부터 인정을 받게 될 거예요.

감사는 기억하는 것

어느 크리스마스 날, 한 가족이 예쁘게 장식한 트리 앞에 둘러앉아 이야기꽃을 피우고 있었습니다.

"아빠! 저 잘했지요?"

"그래, 브렌. 네가 도와주지 않았다면 이렇게 멋진 트리 장식은 할 수 없었을 거야."

5살 소년 브렌은 올해 처음으로 아빠를 도와 크리스마스트리를 만들었답니다.

짙은 초록빛 나무에 알록달록 방울, 천사 인형, 곰 인형, 반짝이는 별 장식을 다는 일이 무척이나 신 나고 재미있었지요. 더군다나 아빠와 함께 크리스마스트리를 꾸미니까 더 즐거웠습니다. 아빠가 목마를 태워 줘서 맨 꼭대기에 큰 별을 다는 순간에는 가슴이 두근두근 뛰기까지 했어요.

"아빠, 아빠랑 저는 한 팀이지요?"

"그래, 우리는 완벽한 한 팀이지."

아빠는 어린 아들 브렌을 지그시 내려다보며 자신의 어린 시절을 떠올렸습니다.

"아빠가 어렸을 때 할머니가 아기 예수님이 누운 말 구유를 만들어 주셨는데…. 자, 우리도 구유를 만들어 보자꾸나. 나무가 있을지 모르겠네. 브렌, 창고에 같이 가 볼까?"

"네, 좋아요. 아빠!"

브렌은 아빠를 따라 창고로 갔습니다. 창고 구석에 뽀얀 먼지를 뒤집어 쓴 나무 상자 하나가 눈길을 끌었습니다. 아빠는 상자 위의 먼지를 입으로 후후 불고 손으로 쓱쓱 털어내더니 살며시 미소를 지었습니다.

"브렌, 이리 와서 보렴. 할머니가 옛날에 만드신 말 구유란다."

"이게요?"

"응, 아빠가 5살 때쯤이었으니까, 브렌 네 나이랑 같을 때구나."

"우아, 아빠가 저만할 때도 있었어요?"

"그럼…. 벌써 몇 십 년이 흐른 이야기지만, 그 시절이 아빠에게는 엊그제 일 같단다. 할머니가 살아 계셨으면 너를 아주 예뻐하셨을 텐데…."

"할머니는 좋은 분이셨어요?"

"그럼, 정말 좋은 분이셨지. 크리스마스 때마다 과자를 구워 주시곤 했는데, 모두 크리스마스트리 밑에 모여 과자를 먹었단다. 아빠는 할머니 무릎에 앉아서 과자 먹는 것을 좋아했지."

"아빠, 저도 아빠 무릎에 앉고 싶어요. 그리고 구유를 새로 만들지 말고 이걸 써요."

"그러자꾸나."

"할머니는 늘 아빠에게 깜짝 선물을 해 주시곤 했어. 그때마다 아빠는 너무 좋아서 온 집안을 뛰어다녔단다. 어린 시절의 아빠도, 지금 어른이 된 아빠도 늘 할머니한테 감사하다는 생각이 드는구나. 그때 더 많이 감사하다고, 사랑한다고 말했으면 좋았을 텐데…."

"아빠, 나도 감사해요! 크리스마스트리를 함께 만들 수 있어서 너무 좋았어요."

브렌이 아빠 무릎에 앉으며 말했습니다.

브렌은 '감사는 오랫동안 기억될 수 있는 것이구나.'라고 생각했습니다. 그리고 아빠에 대한 사랑과 감사의 마음을 오랫동안 간직하리라 마음먹었습니다.

생각의 자

감사한 마음 때문에 오랫동안 기억에 남는 사람이 있나요? 아직도 고마운 생각이 드는 이유는 무엇인가요? 그 사람에게 감사의 편지를 써 보세요.

사자 굴 속에서의 감사

다니엘은 성경에 나오는 많은 인물 가운데 '최고의 감사자'로 불립니다. 다니엘은 죽음도 두려워하지 않고 하루에 세 번씩 하나님께 감사 기도를 했기 때문입니다.

이스라엘 왕족으로 태어난 다니엘은 바벨론에 포로로 잡혀갔습니다. 그곳 왕실에서 생활하면서 그는 그 나라 식으로 모든 것을 바꾸어야 했습니다. 우리나라를 일본에게 빼앗겼을 때처럼 먼저 자기 이름을 바벨론 식으로 바꾸어야 했습니다. 그래서 다니엘 대신 벨드사살로 불리었지요. 그리고 공부도 그 나라 말로 배워야 했습니다. 다

니엘은 이 모든 것을 참고 잘 이겨냈습니다.

그러나 단 한 가지 절대로 하지 않겠다고 결심한 것이 있었습니다. 그것은 우상을 섬기는 왕궁의 음식과 포도주를 먹지 않겠다는 것이었지요. 우상에게 바쳐졌던 음식을 먹는다는 것은 하나님의 백성으로서의 삶이 아니라고 생각했던 것입니다. 다니엘은 그 결심을 지킬 수 있도록 도와 달라고 기도했지요. 그는 편안하고 호화로운 생활보다는 고생을 하더라도 하나님이 기뻐하시는 삶을 살고 싶었던 것입니다.

또한 다니엘은 아주 정직했습니다. 다니엘을 시기하던 사람들이 그의 흠을 찾아내려고 열심히 조사를 했지만 아무 것도 찾을 수 없었지요.

다니엘을 시기하는 사람들은 점점 더 많아졌고, 그들은 결국 다니엘을 함정에 빠뜨리기 위해 머리를 맞대고 의논해 묘안을 짜냈습니다.

다음 날 신하들은 왕 앞에 나아가 말했습니다.

"폐하, 폐하 외에 다른 신이나 사람에게 절을 하는 사람은 사자 굴에 넣으십시오."

그들은 하루에 세 번씩 하나님께 감사 기도를 하는 다니엘의 습관을 잘 알고 있었던 거예요. 그러나 왕의 명령에도 아랑곳하지 않고 다니엘은 여전히 하루에 세 번씩 하나님께 감사 기도를 드렸습니다.

마침내 다니엘은 사자 굴에 던져졌습니다. 하지만 굶주린 사자들이 으르렁대는 굴 안에서 한 군데도 다친 곳 없이 살아남았습니다. 하나님께서 보호해 주신 거예요.

다니엘은 나라를 잃고 남의 나라에 포로로 잡혀간 사실이 괴로웠지만 하루 세 번씩 하나님께 무릎 꿇고 감사 기도를 했습니다. 하나님께서는 이런 감사 기도를 가장 기뻐하십니다.

그래서 감사한 마음으로 드리는 예배가 진정한 예배라고 말씀하셨습니다.

생각의 자

나의 신앙과 믿음을 흔들리게 하는 일을 겪어 본 적이 있나요? 나는 그때 하나님을 향한 믿음을 잘 지켰나요? 신앙에 어긋나는 일을 하지 않기 위해서는 어떻게 해야 할까요? 다니엘처럼 하나님께 감사 기도를 드리고 믿음을 잘 지킬 수 있도록 도와달라고 기도하세요.

하나님의 창조물

하나님께서 이 세상을 창조하시고 여섯째가 되던 날이었습니다.

무언가를 만들고 계시는 하나님 앞에 한 천사가 나타나 물었습니다.

"하나님, 뭘 또 만드시나요?"

그러자 하나님께서 말씀하셨습니다.

"아주 대단한 것을 만들고 있단다. 플라스틱은 아니지만 물에 얼마든지 씻을 수 있고, 먹다 남은 음식만으로도 움직일 수 있고, 한 번에 네 명의 아이를 데리고 다닐 수 있지. 넘어져 다친 무릎 상처는 물론 아픈 마음까지 뽀뽀 하나로 치료할 수 있어. 무엇보다 이 두 손으로 못하는 일이 없단다."

"두 개의 손으로 무엇이든지 할 수 있다고요? 말도 안 돼요, 하나님. 그나저나 오늘 중에 일을 마치시긴 힘드시겠어요."

천사가 말했습니다.

"아니다. 충분히 다 만들 수 있단다. 내가 지금 만드는 것은 아픈 중에도 하루 18시간이나 일할 수 있지."

천사가 조심스럽게 하나님이 만드신 형상을 만져 보았습니다.

"하나님, 너무 부드럽게 만드신 것 같아요."

"그래 부드럽지? 그러나 강한 면도 있지. 참을성도 엄청나고."

"그런데 생각을 할 수 있나요?"

"생각뿐이냐? 조목조목 따지고 협상도 할 수 있지."

그때 천사가 얼굴을 만지다가 놀라며 물었습니다.

"하나님, 뭔가 빠뜨리셨나봐요. 눈에서 물이 흘러요. 아무래도 쉬었다 하시는 것이 좋겠어요."

하나님께서 빙그레 웃으면서 말씀하셨습니다.

"물이 새는 것이 아니라, 눈물을 흘리는 거란다."

"눈물이 뭐예요?"

"눈물은 기쁠 때, 슬플 때, 고통스러울 때, 실망했을 때, 사랑할 때, 외로울 때, 괴로울 때, 자존심을 세울 때의 방법이야."

"우아, 정말 대단한 창조물인 것 같아요. 그런데 이 창조물은 무엇이라고 불러야 하나요?"

"이건 여자란다. 그런데 더 정확히 말하면 어머니라고 하는 것이 옳겠다."

"어머니라고요?"

"그래. 그런데 단 한 가지 슬픈 게 있단다."

"그게 뭐예요?"

"그 가치를 몰라 어머니의 존재에 감사하지 않는 것이지."

🪑 생각의 자

어머니에게 감사하다는 말을 해 본 적이 있나요? 늘 어머니에게 짜증을 부리고 화를 내지는 않았나요? 지금 바로 어머니에게 "고맙습니다."라고 말해 보세요. 어머니의 소중함을 잊지 말고 표현하세요.

감사의 문을 나서며

지금은 하늘나라에 계신 저의 어머니를 떠올립니다. 어머니께서는 치질로 고생하신 적이 있습니다. 시험 기간이라 정신이 없던 어느 날이었지요. 어머니께서는 무엇이 기쁘셨던지 하루 종일 찬송가를 흥얼거리셨습니다.

그날 저녁 밥상에서 이렇게 말씀하셨지요.

"금선아, 하나님께서 이렇게 똥을 잘 누게 해주셔서 너무 감사하구나."

그 말을 듣고 저는 얼굴을 찡그리며 말했습니다.

"어휴, 엄마는. 밥 먹는데 똥 이야기를!"

제겐 어머니의 그러한 모습이 아주 유치하게 보였어요. 그러나 이 책을 쓰면서 저도 어머니처럼 아주 평범하고 작은 일에도 감사할 수 있게 되었습니다.

마지막으로 하나님께서 아기 예수의 모습으로 이 땅에 오신 것을 감사합니다.

"우리를 구원하시기 위해
십자가에 못 박혀 죽으시고 부활하신 예수님,
정말 감사합니다!"

〈부록〉 부모님과 아이가 함께 해 보는 페이지

감사하는 법을 배워 보세요!

어느 집에나 가족들 가운데 유달리 감사 인사를 잘하는 사람이 있습니다. 그것은 성격 탓일 수도 있습니다. 같은 부모님 밑에서 자랐더라도 표현 방법과 정도가 다 다릅니다. 그러나 재능을 갈고 닦으면 발전하는 것처럼 감사도 훈련이 필요합니다. 다른 습관들처럼 반복을 통해 몸에 배게 되지요.

그렇다면 제일 먼저 무엇을 할까요?

기도를 통해 감사 연습을 하세요. 특히 매일매일 반복되는 식사 시간과 잠자는 시간을 놓치지 마세요.

길을 가다가 꽃이나 나무를 발견하면 걸음을 늦추고 향기를 맡아

보는 것도 좋습니다. 아장아장 걷는 아기가 있으면 한 번 웃어 주는 것도 좋고요. 뭔가 표현할 수는 없지만 따뜻하고 여유로운 마음이 생겨날 것입니다. 그러한 마음은 곧 감사의 씨앗이 자랄 수 있는 밭이랍니다.

그 다음 감사노트를 적는 것입니다. 감사할 것이 잘 떠오르지 않을 때에는 주변의 물건들을 찬찬히 둘러봅니다. 혹시 그 가운데 선물을 받은 것이 있다면 선물을 주었던 사람을 떠올립니다.

감사노트는 다른 사람에게 보여 주기 위해 쓰는 것이 아닙니다. 그러므로 아주 작은 것이라도 부끄러워하지 말고 솔직하게 적는 것이 좋습니다. 아니면 일기를 쓰고 맨 밑에 감사 내용을 간단히 적어 보는 것도 좋은 방법입니다. 감사 일기를 검사하는 분은 하나님이십니다.

감사를 통해 우리는 자기 자신에 대해 또 하나님에 대해 알게 됩니다. 그리고 자신의 꿈을 발견하게 됩니다. 끝으로 몇 가지 감사 규칙을 소개합니다.

1. 조금만 가지세요.
2. 시각을 바꾸세요.
3. 계산하는 법을 배우세요.
4. 감사 주일을 기억하세요.
5. 특권과 권리를 구분하세요.
6. 내 것을 고집하지 마세요.
7. 감사하는 것도 영적 전쟁이라는 것을 기억하세요.
8. 감사 일기를 쓰세요.

* 다음은 맥클러 박사와 에몬스 박사가 '감사가 우리 몸에 미치는 영향'을 연구하기 위해 1,200명에게 실시했던 설문조사 내용을 그대로 번역한 것입니다.

주위가 어두울 때 얼른 촛불을 켜나요? 아니면 어둡다고 불평만 늘어놓나요? 여러분은 어느 쪽에 가까운지 다음 질문을 읽고 답을 표시해 보세요. *( )안의 숫자는 점수입니다.

질문 1) 나는 삶 속에서 감사할 것이 아주 많다.
    1. 매우 그렇다 (7)
    2. 그렇다 (6)
    3. 약간 그렇다 (5)

4. 보통이다 (4)

5. 약간 그렇지 않다 (3)

6. 그렇지 않다 (2)

7. 전혀 그렇지 않다 (1)

질문 2) 세상을 바라보면 감사할 것들이 그리 많지 않은 것 같다.

1. 매우 그렇다 (1)

2. 그렇다 (2)

3. 약간 그렇다 (3)

4. 보통이다 (4)

5. 약간 그렇지 않다 (5)

6. 그렇지 않다 (6)

7. 전혀 그렇지 않다 (7)

질문 3) 내가 감사목록을 작성한다면 아주 길 것이다.

1. 매우 그렇다 (7)

2. 그렇다 (6)

3. 약간 그렇다 (5)

4. 보통이다 (4)

5. 약간 그렇지 않다 (3)

6. 그렇지 않다(2)

7. 전혀 그렇지 않다(1)

질문 4) 나는 누구에게나 감사하는 편이다.

1. 매우 그렇다 (7)

2. 그렇다(6)

3. 약간 그렇다(5)

4. 보통이다(4)

5. 약간 그렇지 않다(3)

6. 그렇지 않다(2)

7. 전혀 그렇지 않다(1)

질문 5) 나이가 들수록 어떤 일이나 상황, 또는 사람에 대해 감사가 늘어날 것 같다.

1. 매우 그렇다(7)

2. 그렇다(6)

3. 약간 그렇다(5)

4. 보통이다(4)

5. 약간 그렇지 않다(3)

6. 그렇지 않다(2)

7. 전혀 그렇지 않다(1)

질문 6) 내가 어떤 일이나 사람에게 감사를 하려면 시간이 좀 더 필요할 것 같다.

    1. 매우 그렇다(7)

    2. 그렇다(6)

    3. 약간 그렇다(5)

    4. 보통이다(4)

    5. 약간 그렇지 않다(3)

    6. 그렇지 않다(2)

    7. 전혀 그렇지 않다(1)

체크한 답의 점수를 모두 합해 보세요. 합한 점수에 해당되는 글을 읽어 보세요. 나는 어떤 생활을 하고 있는지 알 수 있게 됩니다.

6-31점   현재 감사에 별 관심이 없습니다. 그러나 감사에 관한 글을 읽고 공부한다면 왜 감사해야 하는지 알게 될 것입니다.

32-39점   조금만 노력하면 많이 나아질 것입니다. 친구들끼리 감사를 나누는 훈련을 해 보세요.

40-42점   삶 속에서 어떤 일을 하던지 모든 사람에게 축복의 통로가 될 것입니다. 이 상태를 계속 유지하세요.

"여러분은 그의 안에 뿌리를 박고, 세우심을 입어서, 가르침을 받은 대로 믿음을 굳게 하여 감사의 마음이 넘치게 하십시오" (골로새서 2장 7절).

사명선언문

너희가 흠이 없고 순전하여······세상에서 그들 가운데 빛들로
나타내며 생명의 말씀을 밝혀 _ 빌 2:15-16

1. 생명을 담겠습니다
만드는 책에 주님 주신 생명을 담겠습니다.
그 책으로 복음을 선포하겠습니다.

2. 말씀을 밝히겠습니다
생명의 근본은 말씀입니다.
말씀을 밝혀 성도와 교회의 성장을 돕겠습니다.

3. 빛이 되겠습니다
시대와 영혼의 어두움을 밝혀 주님 앞으로 이끄는
빛이 되는 책을 만들겠습니다.

4. 순전히 행하겠습니다
책을 만들고 전하는 일과 경영하는 일에 부끄러움이 없는
정직함으로 행하겠습니다.

5. 끝까지 전파하겠습니다
모든 사람에게, 땅 끝까지, 주님 오시는 그날까지
복음을 전하는 사명을 다하겠습니다.

서점 안내

광화문점	서울시 종로구 새문안로 69 구세군회관 1층 02)737-2288 / 02)737-4623(F)
강남점	서울시 서초구 신반포로 177 반포쇼핑타운 3동 2층 02)595-1211 / 02)595-3549(F)
구로점	서울시 동작구 시흥대로 602, 3층 302호 02)858-8744 / 02)838-0653(F)
노원점	서울시 노원구 동일로 1366 삼봉빌딩 지하 1층 02)938-7979 / 02)3391-6169(F)
일산점	경기도 고양시 일산서구 중앙로 1391 레이크타운 지하 1층 031)916-8787 / 031)916-8788(F)
의정부점	경기도 의정부시 청사로47번길 12 성산타워 3층 031)845-0600 / 031)852-6930(F)
인터넷서점	www.lifebook.co.kr